TROTAMUNDOS

DEL DEPORTE

# TROTAMUNDOS DEL DEPORTE

# JOHN SUTCLIFFE

## HAZAÑAS Y AVENTURAS DE UN PERIODISTA DEPORTIVO

AGUILAR

El papel utilizado para la impresión de este libro ha sido fabricado a partir de madera
procedente de bosques y plantaciones gestionadas con los más altos estándares ambientales,
garantizando una explotación de los recursos sostenible con el medio ambiente y beneficiosa para las personas.

Penguin Random House Grupo Editorial

**Trotamundos del deporte**
*Hazañas y aventuras de un periodista deportivo*

Primera edición: julio, 2022


Penguin Random House Grupo Editorial, S. A. de C. V.
Blvd. Miguel de Cervantes Saavedra núm. 301, 1er piso,
colonia Granada, alcaldía Miguel Hidalgo, C. P. 11520,
Ciudad de México

penguinlibros.com

Diseño de portada: Penguin Random House / Colin Landeros



ISBN: 978-607-381-808-7

Impreso en México – *Printed in Mexico*

*Para mi Chómpiras: eres lo mejor que me ha pasado en esta vida.*
*Este libro se lo dedico a mi hijo Enrique.*

# ÍNDICE

## FUTBOL AMERICANO



## FUTBOL

# AGRADECIMIENTOS

Este libro me deja muy contento y realmente muy agradecido. Nunca olvidaré dar las gracias a quien me ha ayudado a continuar mi sueño, a continuar mi chamba que tanto me gusta y que trato de hacer con tanta pasión, con tanta adrenalina, con tanto gusto.

Habrá una nueva generación de periodistas que algún día querrá ser un reportero de cancha y dedicarse a que le paguen por leer la sección de deportes todos los días; eso es lo que trato, motivarlos, decirles que hay que prepararse, hay que estar listos. Este libro también me ayudará a presentarme y dar pláticas para contarles mis historias.

Siempre digo que mucha gente me ha ayudado, por eso trato de compartirles esta fórmula de trabajo, que es lo que a mí me ha dado resultados y me gustaría que a ustedes este granito de arena les ayude. A ese joven periodista, a esa persona que sueña con ello, este libro es para ustedes, que con base en trabajo, en preparación, en ganas, en dedicación, lo pueden lograr.

Quiero agradecer como siempre a la editorial Aguilar, de Penguin Random House porque ha creído en mí.

A la familia Slim, porque cuando tenía la locura de hacer mi primer libro me apoyaron, y ahora lo hacen de nuevo.

A mi familia, a mi mamá que tanto me apoyó, que me ayudó con la dislexia, a mis hermanos Roberto, Patie y Susy.

A mis súper amigos, al socio Rivas, de ellos comparto en estas páginas varias de las anécdotas que hemos vivido y disfrutado juntos.

Al Pecas, a Juan Domingo, a la Rana, al Quijo. También le dedico este libro a Chanoc, a nuestro querido Max Fernández que ya no está con nosotros.

Este libro me deja satisfecho, contento y motivado para seguir trabajando con las mismas ganas, con ese ímpetu que siempre he tenido.

Gracias a todos los que me han ayudado en algún momento a lo largo de mi vida.

# PRÓLOGO

## Un *insider* con tacto

Heriberto Murrieta

En los años noventa, lo primero que me impresionó de John fue su perfecto inglés. Lo escuchaba en la radio pronunciando impecablemente la lengua de Shakespeare pero sin acento *british*, sino más bien estadounidense, él que es hijo de tejana y californiano. Doña Sarah vio la luz primera en El Paso y don Enrique, su padre al que tanto extraña, en la urbe angelina.

En 2003 nos conocimos en ESPN, cadena para la que nuestro cárdeno personaje ya trabajaba desde 1992. Pronto empezamos a realizar un programa en Radio Capital, que se transmitía simultáneamente en la pantalla del líder mundial en deportes. Habíamos llegado a las cabinas de Montes Urales gracias a su vínculo con la familia Maccise, propietaria de la emisora. John siempre ha estado muy bien conectado. Eso se le da. Enaltece el concepto de la amistad y procura a sus íntimos, que ocupan un lugar importantísimo en su noble corazón. "Los amigos son los amigos", suele recalcar con orgullo en las redes sociales. Fomenta las relaciones y obtiene de ellas cariño e información a partes iguales. Sabe hasta dónde apretar para enterarse de datos novedosos, sin incomodar a quien se los proporciona. Es un *insider* con tacto. De enterarse y enterar vive el que informa. A final de cuentas, lo que el periodista quiere es conocer cosas que no se saben para hacerlas públicas. Y John, que tiene más fuentes que el Parque del Retiro, todo el tiempo está buscando la noticia. Con un elevado número de primicias y un sello inconfundible, se ha convertido en un referente del periodismo deportivo continental.

Disléxico, estilístico y único, John es ya una marca. Y su agudo grito para anunciar el ¡*monday night football*!, todo un clásico que revienta el decibelímetro en el primer día de la semana. Su estilo, muy suyo, es altamente imitable. Toda imitación es un reconocimiento. La que le hace Christian Ahumada "El Duende" resulta tan perfecta que parece que es el mismísimo John el que está hablando en la televisión. Sabedor de que hay tiempo para todo, se vuelca en su chamba con total dedicación y luego, cuando la ocasión lo amerita, no duda en pasarse por la garganta un tequilita sublime de las destilerías agaveñas de su amigo Juan, justo y catártico premio a una larga jornada de labores.

Después del exitoso lanzamiento de *Reportero de cancha* (2014), John actualiza sus vivencias e historias en este nuevo libro (con la misma intención de dignificar nuestro oficio periodístico), ahora titulado con el apodo que le puse hace algunos años: "el trotamundos de la información deportiva". Y es que se la pasa de aquí para allá -errante pero sin errar-, acumulando millas en el espacio aéreo para llegar ahí donde está la noticia.

Sirva este trabajo de un reportero nato para que las nuevas generaciones de periodistas deportivos conozcan lo que hay detrás de la información en términos de profesionalismo, búsqueda, confirmación de la nota, fundamentación al opinar y, algo fundamental: credibilidad.

# INTRODUCCIÓN

Qué rápido pasa el tiempo; pareciera que fue ayer cuando estábamos en el Museo Soumaya con mi familia, con mis amigos, con mis compañeros de trabajo presentando *Reportero de cancha*, ese libro que dediqué a la memoria de mi padre: Enrique Sutcliffe. Ese texto que pretendía llevar un mensaje para esos jóvenes que aspiran a ser periodistas o reporteros de cancha algún día.

Ahora les presento *Trotamundos del deporte*. Mi gran amigo y colega de ESPN, Heriberto Murrieta, por tantos viajes y tantos enlaces me puso ese sobrenombre.

En este libro presento una segunda etapa, una continuación de mis aventuras, de mis experiencias, de las oportunidades que he tenido de cubrir eventos importantes, conocer a las grandes figuras deportivas de talla mundial.

Prácticamente comienza con la participación de México en el Mundial de Brasil en el 2014 y los llevo a que me acompañen en un recorrido de casi 10 años donde he experimentado encuentros y desencuentros al realizar mi trabajo.

Son historias que he vivido en deportes fundamentales como el futbol, la NFL, el golf y algunas anécdotas más bien personales que se me presentaron a través de estos últimos años.

Desde mi corazón, gracias por tomarse el tiempo de leerme. Bienvenidos a esta nueva aventura titulada *Trotamundos del deporte.*

# MI PASIÓN POR EL DEPORTE.

# 01.

# 01

## El inicio de ESPN México

Por ahí de 1992, ya platiqué en mi otro libro que trabajé en Radio Programas de México, se dio mi inicio en la televisión en Multivisión, donde me invitaron a narrar el golf. En ese momento, quien estaba a cargo de los deportes era Alfredo Domínguez Muro. Siempre agradecí esa oportunidad.

Es justo ahí cuando se inicia el camino para crear ESPN México. Hubo un momento en que ESPN se asoció en Argentina para sacar un canal por allá y, en México, hizo lo propio con la familia Vargas de Multivisión para sacar Multideporte ESPN, que era básicamente un canal donde se agarraban señales producidas en inglés y se narraban en español. Estaba en pleno la revolución tecnológica. Fue cuando Multivisión consiguió una concesión para competir con Cablevisión en el servicio de la televisión de paga de una manera diferente, a través de una microonda que llegaba en una señal de audio y video a tu casa.

Ahí empieza la idea de crear un canal de ESPN México; realmente puedo decir que a este bebé, ahora sí que me tocó verlo llegar al mundo. Comenzó en 1996, cuando los cableros, Productora y Comercializadora de Televisión (PCTV) les maquilaba a muchos canales, les brindaba diversos servicios y, al mismo tiempo, distribuía los canales al interior de la República Mexicana. Pero, en este caso, había que producir ESPN. Había que sacar una señal que ya estaba, pero estaba en inglés; sólo se narraba algo de futbol italiano. Ahí conocí al buen Raúl Pérez, gran narrador por muchos años en Televisa, identificado con el Deportivo Toluca; él narraba algunas cosas.

De la nada invitamos a trabajar a gente de mucha confianza que habíamos conocido en Multivisión; era mi responsabilidad como director de deportes de PCTV crear este canal y dar el servicio. Invité a Vicente Navarro, Georgina Ruiz Sandoval, Gerardo Torres; en su momento Marta Guerra ayudó mucho en la administración, en ir ordenando muchas cosas.

Dábamos servicios de cámaras de televisión; íbamos, grabábamos material y lo mandábamos a los diferentes canales. Vinieron también Aarón Soriano, Alfredo García Bustamante, el gran Don Tommy Morales. Nunca se me va a olvidar, Tommy y Alfredo hicieron la que podemos decir fue la primera narración real en el 96 de ESPN 2, de ESPN México; un *Sunday Night*, un juego de Grandes Ligas.

Hubo un casting de chavos para ver quién se unía al equipo. Fueron como 200 jóvenes a PCTV. Decidí que se quedaran Guillermo Celis y Alfonso Lanzagorta y así empezó el canal. Era un espacio que poco a poco iba agarrando fuerza. Tuvimos los derechos de la Liga Mexicana de Beisbol. Más adelante, me llevé a Vicente Navarro a ESPN. Hoy, Chente lleva más de 15 años en ESPN, ha sido productor de *Futbol Picante*, de *ESPN Radio Fórmula* y de muchas transmisiones de futbol.

Luego vino un cambio donde ESPN, al mando de la producción internacional, con Chris Calcinari y Rodolfo Martínez, deciden crear un ESPN con más infraestructura, con más presupuesto desde México. Así surgío ESPN deportes. Por cierto, en PCTV, entre esos narradores, un día Marta Guerra me dijo: "Oye, hay un muchacho en radio que me recomendó Enrique Garay, se llama Jorge Eduardo Sánchez". Y vino Jorge Eduardo a trabajar con nosotros y bueno, hoy en día es uno de los pilares de ESPN.

Dejamos las instalaciones de PCTV y nos mudamos a Argos en el 2004, al surgir ESPN para Estados Unidos en español, ESPN deportes. Allí se hizo el primer *SportsCenter*, el primer programa de estudio; hubo un gran cambio, mucha gente decía que en Argos nos faltaban muchas cosas, yo les contestaba: "Hubieran venido cuando empezamos en PCTV, hoy estamos muy felices por tantas cosas y ventajas que tenemos ahora". Así siempre va a ser, extrañas lo que no sabes que tienes o extrañas lo que piensas que debes tener y nunca has tenido.

Ahí llegó Heriberto Murrieta; Fernando Palomo vivió una época en México; más adelante se integró Ciro Procuna y luego José Ramón Fernández, David Faitelson y Rafa Puente; a él también lo había conocido en las narraciones de Multivisión y de ahí la idea era jalarlo para acá.

El proyecto fue creciendo y creciendo hasta que de repente dimos el brinco; el sueño que todos queríamos se hizo realidad. En diciembre de 2015, nos pasamos a nuestro propio edificio y me atrevo a decir que hoy en día las instalaciones de ESPN México de Disney, son las mejores; es un mini Bristol la sede principal de ESPN.

El edificio está conectado vía fibra con Connecticut, con Miami, con Los Ángeles. Tenemos un estudio para el *SportsCenter*", uno para *Futbol Picante*, para *NFL Live*, para *ESPN Radio Fórmula*, para *Los Capitanes*, *Caya y Escucha* y *AM*. Es fabuloso, después de haber estado tantos años trabajando, cierro los ojos y revivo esa narración de Tommy Morales y Alfredo García Bustamante en el *Sunday Night* en PCTV; es entonces cuando valoras muchas cosas.

A través de los años conocí a toda la gente de ESPN Argentina con quien siempre me he llevado muy bien, como con Pablo Mamone y Juan Yankilevich. De alguna manera, y lo digo humildemente pero con mucho orgullo, fui parte del nacimiento de ESPN en México y siempre estaré agradecido con Eduardo Ricalde, Chris Calcinari, Rodolfo Martínez, Armando Benítez, con todos los productores, porque creo que el máximo respeto que debes ganar es de los mismos productores.

Gracias a Yoyotzin Zúñiga, Manuel Cerdeira, Fernando Salvador, Octavio Gallegos, Jorge Monroy, Vicente Navarro, tantos que tendría que nombrar y no podría, pero así fue: ESPN aterrizó en Multivisión, se empezó a distribuir en PCTV, comenzó a crecer en Argos y llegó a ser el canal que es hoy, ya en su propio edificio al sur de la Ciudad de México. Esto es un poco de cómo surgió el Líder Mundial en Deportes ¡en México!

## 02

# La revolución tecnológica del reportero de cancha

Recuerdo que platicaba en mi primer libro, *Reportero de cancha*, cuando trabajé en Radio programas de México en "Radio VIP", por ahí de 1992, en el 88.1 FM. ¡Cómo han cambiado los tiempos y la tecnología! En esa época, si hacía una entrevista o tenía algún sonido ya sea en una grabadora de casete o bajábamos vía satélite los feeds de CBS Radio, los operadores tenían que hacer todo manual, todo de feeling, porque tenían que cortar la cinta con tijera para editar los audios.

Entonces me decían: "John ¿qué quieres usar de Carlos Hermosillo del Cruz Azul y de Luis Miguel Salvador del Atlante"; les indicaba y cortaban la cinta y te editaban tu audio.

Justo ahí me tocó ver ese cambio cuando el operador de VIP del 88.1, que era una estación de noticiarios pero transmitían mucha música, ponía unos rieles de cinta para sacar la música. Me acuerdo que a veces en las noches, durante el fin de semana, se paraba la música y le hablaba por teléfono, porque seguramente el operador se quedaba dormido y no cambiaba el riel de cinta.

Es en ese tiempo que hacen el cambio a la computadora. Meter la música a la computadora y editarla. En esas épocas, en Alfa Radio 91.3 FM, tenía el programa de *AR Deportes*, realmente sólo estaba el operador que metía la música y el locutor; no como hoy en día, que el locutor hace un poco de todo.

Imagínense que cambia de editar manualmente cortando la cinta con la información del día, a hacerlo con la computadora; de trabajar con grabadoras gigantes con casete, pasar al minidisk. Recuerdo que el minidisk era fabuloso; hoy en día todo lo grabas en el celular, ya no necesitas prácticamente hacer nada.

La cuestión más complicada era la televisión; cuando, allá en 1992, me volví corresponsal del programa *Football Weekend* (ESPN), rentaba una cámara betacam y no se mandaba por satélite, salía muy caro. Recuerdo que iba al aeropuerto en United Airlines y convencía a una persona que iba a viajar que se llevara el tape y la producción mandaba a alguien al aeropuerto en Newark o en el JFK para recibir el material.

En el Mundial de Francia 1998, fue mi primera cobertura para televisión y la hice para Univisión, cuando cubrí las ciudades de Burdeos y Nantes, había de dos: mandar por satélite o grabar un día antes un previo y mandarlo por paquetería.

Luego, en el Mundial de Alemania 2006, empezamos a mandar desde la cámara, pero vía satélite. Conectabas la cámara al camión, comprimías en formato FTP y comenzabas a mandar y se iba vía satélite la información; entonces, mandabas 15 minutos y nada más.

Me acuerdo cuando surgió todo ese tema en Alemania que falleció el papá de Osvaldo Sánchez, pues mandabas 10 minutos pero podía tardar hasta cinco horas en llegar el material. Nos turnábamos entre camarógrafo, productor y reportero, a ver quién se dormía para checar si se iba o no el material.

Recuerdo cuando Lorena Ochoa ganó el British Open (2007) en St. Andrews, con Fernando Spanaus, mi productor argentino que vive en Inglaterra, mandábamos vía la computadora y se tardaba horas. Era un rollo, porque o mandabas así o mandabas por vía satélite que era carísimo.

En particular es impresionante la evolución que se ha dado en el golf. La primera vez que trabajé de reportero de cancha en un torneo de golf fue en el PGA Championship en el Valhalla Club de Louisville, Kentucky en el 2000 y lo único que tenía era un micrófono con audio, se conectaban mis audífonos a la transmisión y escuchaba a mis compañeros. Con el tiempo fue cambiando; llegó el TVU inventado y patentado por los israelitas, una tecnología muy novedosa para enviar desde una cajita y, desde esa cajita, mandabas todo, como seguimos hoy. Puedo salir en vivo desde la cama si quiero o desde donde esté, subo la señal y ¡como vas! Así llegó el World Golf Championship a México, con el TVU, grabamos la entrevista y la corríamos minutos después y parece que estás en vivo.

En el Players Championship del 2021, hacía algo similar, caminaba con audio la cancha, haciendo entrevistas con el celular o con una cámara normal pero también empecé a utilizar mi celular para sacar señal en vivo y que la gente viera cómo iba caminando la cancha y mostrándoles cómo se vive la transmisión de un torneo importante de golf dentro de las cuerdas; fue entonces lo de ir con puro audio a salir en televisión en vivo usando el celular.

En esta pandemia que hemos vivido, uno se vuelve autosuficiente y ahora tenemos la oportunidad de mandar desde el celular, salir en vivo con el TVU App; tienes dos celulares, uno lo utilizas para subir la señal, y como se pusieron de moda los audífonos inalámbricos con micrófono, los AirPods; entonces, en un AirPods utilizas el micrófono para hablar en televisión a través del celular y con otro celular te comunicas por Zoom y usas el otro AirPod de otra marca para escuchar el programa.

Así fue la tecnología en las épocas que me tocaron: desde cortar la cinta para editar una entrevista a que hoy pueda salir en vivo desde donde sea; un celular tiene el potencial para ir en vivo o un iPad, ¡es increíble y... lo que falta!

# 03

## La dislexia

La palabra dislexia me trae muchos recuerdos de mi niñez, ya lo platiqué en mi libro *Reportero de cancha*. Los que saben dicen que la dislexia es "un trastorno del neurodesarrollo que afecta el aprendizaje de la lectura y fundamentalmente a la velocidad y precisión lectora". Yo que he vivido con ella desde niño les puedo decir que es como si me movieran las letras o la "d" parezca "b" o la "b" parezca "d".

A través del tiempo me fui acoplando, me fui acostumbrando, esto siempre ha sido así, como que me cuesta trabajo concentrarme; siempre ha sido difícil escribir, la ortografía no es mi fuerte pero, al mismo tiempo, siempre aprendí a sacarlo adelante. Muchas veces los exámenes orales se me facilitaban. Hoy en día, trabajando en la televisión, me es más fácil pararme y hablar que usar un promter (la pantalla que te muestra el texto de lo que vas a decir al aire) en donde tengo que escribir y leer lo que voy a decir; lo sé hacer, pero me gusta improvisar. Improvisar quiere decir que estás preparado, leíste y traes en tu disco duro mucha información que según se vaya dando el momento en vivo la vas utilizando.

Quiero hablar de la dislexia porque creo que, a veces, mucha gente la pone de excusa: "No, no, yo tengo dislexia, no puedo". Pues yo tengo dislexia y siempre la tendré y puedo. Una prueba que pueden hacer, muy interesante, es agarrar un papel o cartón; le hacen un hoyito en el centro y le piden a la persona que los vea con un ojo; es clarísima esa prueba para mostrar cuál es tu lado dominante, ¿qué quiere decir? En mi caso soy derecho, pero mi ojo dominante es el izquierdo, entonces en la dislexia, siempre tu ojo dominante va a ser el opuesto al lado de tu mano dominante.

Einstein tenía dislexia y ¡miren todo lo que hizo! Les doy el ejemplo de un deportista: el siete veces campeón de bateo de los Padres de San Diego, Tony Gwinn, en paz descanse, era zurdo y tenía dislexia ¿qué significaba eso? Que como zurdo, su ojo derecho era el dominante; entonces, veía mejor el pitcheo como zurdo con el ojo derecho.

Me atrevo a decir que lo superé, ni me acuerdo de ello; creo que hoy, a diferencia de cuando era niño en los setenta, ya hay maneras de detectarlo, de ayudar a superarlo. Antes no se entendía nada; me acuerdo perfecto en la prepa, no es que no quisiera estudiar (bueno, tampoco fui un gran estudiante), pero de repente los números, las fracciones y las fórmulas, me volvían loco. Luego encontraba la manera de sacar los resultados, a veces pensaban que había copiado (eso no quiere decir que en algún momento no copié).

No lo usen como excusa. "No, es que yo tengo dislexia", "como tengo dislexia, no puedo hacer esto". ¡Eso no se vale! En esta vida hay que acoplarse a lo que te tocó. Dios dijo: "Eres así, estos son tus cables, ésta es tu manera de ser y tan tan". Esto es lo que quería compartir sobre la dislexia.

# 04

## Los amigos son los amigos

A través de los años puedo decir que soy muy afortunado por tener amigos de hace casi 50 años; siempre hemos estado en contacto desde 1973 a la fecha, nos vemos seguido. El Pecas, el Quijo, el Camarón, la Rana, a unos los veo más que a otros, hemos perdido a Chanoc, el gran Max Hernández, a quien no pasa un día sin que lo extrañemos todos.

Siempre bromeo cuando nos estamos echando un tequilita en alguna reunión: "Los amigos son los amigos". A veces, Kiko Rojas nos invita al *Kiss Lounge*, ahí por Los Encinos, por Toluca; no saben qué padre lugar. Tiene relación con Jim Simons e hizo un bar temático de Kiss, al que vamos, llegamos, nos pintan y nos divertimos mucho.

Estudié en el Instituto Irlandés de 1973 a 1986, hice muchos amigos ahí. Fui muy feliz. Aunque no fue el mejor colegio académicamente hablando, aprendí muchas otras cosas y valores;

pero lo que más rescato son los amigos y en este capítulo hablaré de uno en particular, uno de mis grandes amigos. El papá de mi querido Max Fernández decía: "Los amigos se cuentan con los dedos de una mano y no se usan todos". Pues he tenido la fortuna de tener muchos amigos especiales.

Seré muy sincero, acabé la prepa a los 17 años y me fui con René Vega, la Rana, mi amigo, al Mundial del 86, ese fue nuestro regalo de graduación: plateas a media cancha en el Azteca. El único partido que me perdí por burro fue el de la mano de Dios del gol de Argentina, todo porque otros amigos, los Ortiz, me invitaron a Puebla a ver a la selección española.

Teníamos pase directo con los Legionarios de Cristo para entrar a la Universidad Anáhuac y, cuando no tienes idea de lo que quieres hacer, lo más fácil es agarrar Administración de empresas; pero, como dos años después, encontré realmente mi camino, mis oportunidades en los medios.

Este capítulo es para reírnos un poco, no puedo contarlo todo porque la idea es que el libro sea apto para menores de 13.

En la Anáhuac también hice muy buenas amigas, Anette Díaz fue una compañera que siempre me ayudó con el tema de la dislexia y las matemáticas en la escuela. Ahí hice un amigo para toda la vida, mi súper socio Luis Rivas y ¡ah! cómo hemos echado desmadre, me ha acompañado a tantos viajes, a tantas locuras. Lo que pasa es que siempre nos gustó lo mismo, el reventón, dormir tarde, si íbamos por ejemplo a Ixtapa o Acapulco, nos gustaba dormir con el aire acondicionado y ver deportes, no nos gustaba asolearnos y así nos fuimos entendiendo.

Una vez fuimos al Taizz de Cuernavaca, ¡imagínense! Llegamos en carrito de golf. Nos quedamos en el club viejito de Cuernavaca, anduvimos en el campo y en el carrito de golf nos lanzamos al Taizz.

En otra ocasión, nuestro compañero de la universidad, Jacobo Román, nos retó: "A que no se atreven a dormir hasta el amanecer en el green del 1". Ahí llegamos en vivo, salió la luz del *güero* y ahí estábamos con cobija y almohada, dormidos en el green del 1. Imagínense el desmadre que se armó cuando se supo que había dos jóvenes que estaban dormidos sobre el green, los dueños del campo nos querían matar.

Así hacíamos muchas cosas, nos la pasábamos muy padre yendo a Acapulco, pero más me la pasaba con Luis, por entendernos tanto y compartir el gusto por los deportes. Aunque él siempre ha sido Steeler de hueso colorado y yo, en una época, Cowboy hasta el tuétano, también le iba a los Clippers, porque habían jugado en San Diego, California.

Fuimos al Super Bowl XXX en Arizona que jugó Dallas vs Pittsburgh, el último que han ganado los vaqueros. Imagínense, Steelers vs Cowboys. Fuimos a ver a Rod Stewart un día antes en la Arena de los Soles y nos queríamos meter a una sala VIP, como no nos dejaban entrar, inventamos que éramos uno de los hijos del presidente de México y un amigo y... ¡nos dieron acceso!

Dijimos vamos a apostar y quedamos que el último día, el que perdiera (Steelers o Cowboys), tenía que pagar una ronda en uno de esos bares exóticos, cuando acabara de chambear, en esa época cubría el Super Bowl sólo para radio, era reportero para Alfa Radio, parte de Radio Programas de México. Llegamos al lugar y pedí 25 Johnny Walkers, nos trajeron los 25 y Rivas los pagó. Creo que nos sacaron del lugar a los 20 minutos.

Era una época en que los jueves íbamos al *Bandasha*, en Bosques de las Lomas, como buenos fresas, hoy nos dirían "fifís". El viernes al *Magic Circus*, no ha habido un mejor antro en la historia de la Ciudad de México, estaba en la parte norte de la capital mexicana. Luego nos íbamos a comer tortas a *La choza*. Mis papás vivían en San Diego, California; entonces me encantaba invitar a gente a comer pozole en mi casa y las muchachas de servicio adornaban con globos y serpentinas; de repente éramos 30 en mi casa comiendo pozole a las cuatro de la mañana. Vivía afuera del Club de Golf Chapultepec, a veces salíamos del *Magic* a las cinco de la mañana y ya estaban afuera del Campo Militar Número 1 los que vendían tamales, comprábamos unos, llegábamos a ver a Chabelo y luego nos dormíamos.

También Luis me acompañó a Nueva Orleans al Super Bowl XXXI entre New England y Green Bay. Para ir a jugar Black Jack o jugar 21 tenías que subirte a un barco, tenías que estar en el mar para que fuera legal. En una jugada Luis tenía 20, tenía dos monos y dijo: "Los separo", le contesté: "Estás loco, wey". Le dieron As y As, con una gran sonrisa de satisfacción gritó: "¡Ah verdad, como que no, tengo 21!"

En esa época trabajaba para TNT (de 1994 al 2000), me iba el lunes para transmitir en Atlanta el martes. Un día antes de salir de Nueva Orleans rumbo a Atlanta, llegó Luis y me dijo:

"Me estacioné mal, le pegué a unas motos y me están persiguiendo los motociclistas".

En otro Super Bowl fuimos a Houston, cuando narraba la NBA para Telemundo, estaba trabajando y llegaron de último minuto las hermanas Venus y Serena Williams; entonces cambiaron cómo estaban las sillas de transmisión a nivel de cancha y ya no había tanto espacio. Un periodista no se quería mover, estábamos entrando al aire y mi compañero de Telemundo, Edgar López, casi se lo quería madrear. Luis tuvo, segundos antes de entrar al aire, parar al cuate y decirle: "Brother, párate o te paro".

También cuando tuvimos los derechos de la Selección Mexicana en inglés, en un partido en el Estadio Jack Murphy en San Diego, lo acredité para ser mi jala cables. Pero de repente: "¿Dónde está este wey?, ya se me escapó a echar dos chelas", y dicho y hecho: se fue a echar sus dos chelas *de Hidalgo* y sin más regresó a trabajar.

En otro Super Bowl en Arizona, años después de ese Dallas contra Pittsburgh, nuestros amigos de *Tequila Cuervo* patrocinaban el *Playboy Party presented by Cuervo Black*, una bebida que no funcionó, pero en ese momento ellos patrocinaban el famoso evento. Nos regalaron cuatro boletos, fuimos con Luis, el Oso su hermano, el productor Brandon Clark y yo. Creo que nos querían dar como 2500 dólares en la puerta por el boleto; obvio no los vendimos. Nuestro amigo Juan Dobel nos permitió decir que Luis era él; entonces nos sentaron al lado de Hugh Hefner, el dueño de Play Boy. Nos tocó que nos atendieran meseras que habían sido playmates; no pasó nada, todo fue respetuoso siempre, pero esa fiesta nunca la voy a olvidar.

En Miami, una vez estábamos echando unos drinks, dos o tres días antes del Super Bowl, con el hermano de Luis, el Oso, quien no tomaba porque manejaba. Pues resulta que nos perdimos y de repente llegó la policía y les dijimos: "Somos policía *underground*, policía secreta aquí en Miami". "¿Qué hacen aquí?", respondieron y con algo de nervios contestamos: "Estamos perdidos, oficial". Simplemente nos corrieron, nos dijeron que saliéramos de la zona porque allí nos podrían asaltar: "Están en una zona muy peligrosa". En esa época no había Waze, sacabas un mapita de papel de dónde ibas a ir, lo imprimías y tenías que medio adivinar en dónde andabas.

Por muchos años hice equipo de transmisión para el Super Bowl con Álvaro Martín y Raúl Allegre, acabando el domingo, por costumbre yo llevaba el tequila Dobel y Raúl compraba las pizzas. Pero una vez en Tampa Bay no hubo pizza. De repente, Raúl se moría de hambre y el Oso le dijo: "Raúl, no te preocupes, ahorita te traigo comida". Regresó al poco tiempo con un plato perfecto con alitas, quesadillas, guacamole, *barbecue*, algo delicioso. Luego de comer, Raúl no aguantó la curiosidad y preguntó: "¿De dónde sacaste la comida?" El Oso, medio apenado contesto: "Perdón Raúl, pero me metí a la cocina, junté todos los platos de la comida que había sobrado y te armé un platito".

He vivido mil aventuras con Rivas. Entre cuatro amigos tenemos derechos de apartado de los Raiders. Este equipo vendió todos sus apartados del nuevo estadio, el Allegiant; el más barato en 500 dólares, el más caro en 75 mil, para tener el derecho de compra por 30 años. Nosotros, entre cuatro, gastamos 40 mil dólares por dos boletos en la yarda 30, y tenemos que pagar cada año 350 dólares por boleto. Si algún día quieren un boleto, búsquenme en @espnsutcliffe. La primera temporada de los Raiders ya con público fue complicada, por la pandemia y las vacunas.

Siempre nos divertimos, siempre hemos entendido que tenemos muchas prioridades; Rivas se rompe la madre trabajando, igual que yo, somos responsables aunque nos gusta la fiesta. En una cobertura, llegué para el US Open en San Diego y de repente recibo una llamada y me dice: "Socio, vamos a ver a tus Clippers... ¿cómo ves?" Fui y conseguí los boletos, mientras él se trepaba a un avión para llegar a Los Ángeles y fuimos a ver a los Clippers. Acabando el partido, en el hotel de enfrente, estaba el dueño de los Clippers, Steve Ballmer, y le dije a Rivas: "Yo no vengo de trabajo, por favor lo paras porque quiero mi selfi". Dicho y hecho, paró al dueño de los Clippers y nos tomamos nuestra selfi.

Me acuerdo de un viaje al que nadie me quería acompañar, pero Rivas fue conmigo; tuvimos la oportunidad de volar a Buenos Aires, Argentina, para la conferencia de prensa de presentación del Latín American Amateur Championship. La comida era espectacular, qué tal un ribeye rojo, rojo, sangrando. Casi, casi lo podías cortar con una cuchara, eso sólo en Buenos Aires. Los vinos, no se diga. Si alguna vez van a Argentina, todo lo que sea Catena Zapata es el mejor vino argentino que pueden comprar.

Ahí les va otra. Cuando los Dodgers llegaron a la Serie Mundial contra Astros, Mi buen amigo Mike Walters de ESPN me dijo: "Si hay juego siete... ¿quieres ir?" "¡Claro que sí! Sería un sueño ir a ver un juego siete en Dodger Stadium". Y sí, se fueron a juego siete; Luis y yo estábamos a medianoche consiguiendo boletos para volar a las 7 de la mañana. Volamos y fuimos a comer nuestro Pato Pekín en Chinatown y luego fuimos al estadio para presenciar el primer juego siete de Serie Mundial en la historia del Dodger Stadium. Lo ganaron los Astros. Ese día apostamos una lanita y perdimos hasta la camisa. Fue cuando se le acusó al equipo de Houston de hacer trampa.

También fuimos a Las Vegas, Mauricio Sulaimán nos invitó a ver al Canelo contra Chávez Jr., en el T-Móvil Arena. La pelea fue un fiasco, Canelo ganó por decisión unánime. Pero ese viaje para nosotros fue toda una aventura, me fui con mi socio, nos recogió una limusina. Rara vez voy a un viaje que no es de chamba, fue muy padre, nos quedamos en el hotel Wynn. El día que íbamos a la pelea, me topé a Poncho Lizarraga de la Banda el Recodo que tenía un coche de súper lujo para irse y me dijo: "John, vente para acá". Aunque mi socio traía un Rolls Royce, pensé: "Si no me subo, ahí me mata", y nos pegamos a Poncho y nos metimos al VIP, y cuando ves lo que paga la gente por los boletos, ¡5 mil dólares!, te vas para atrás. Después de la pelea, mi socio se me perdió y me dije: "¿Dónde anda? Seguramente está en el baccarat". Me metí a las mesas más caras del baccarat del Wynn y... ¿quién estaba ahí? Don Luis Rivas.

También cuando peleó Julio César Chávez en la Plaza de Toros México contra Frankie Randall, nos invitó a la fiesta en el Camino Real y me acuerdo que colé a mi socio. En esas épocas, Julio ha comentado que se metía hasta la camisa y cuando ves esas cosas de cerca sí dices: "¡Ay wey!" Sí te sacan de onda, pero bueno ahí están las aventuras boxísticas con el socio.

Luis, gracias por tu cariño, gracias por estar igual de loco que yo. Ahora que me hicieron una prueba genética para tratar de estar más sano, bajar de peso y estar mejor físicamente, la doctora Beatriz Boullosa me dijo que vivo de adrenalina pura y cuando tú y yo nos juntamos, somos dinamita pura. Te quiero, *I love you* súper socio Luis Rivas.

# GOLF . . .

# 02.

# 01

## De niño a Maestro

Empecé a cubrir el golf como reportero de cancha a finales del 2000, justo en la época cuando surgió la figura de Sergio García, a quien llamaban "el Niño" haciendo referencia a su juventud (sólo tenía 20 años). Un joven golfista español que llamó mucho la atención cuando casi se lleva un PGA Championship, enfrentando nada menos que a Tiger Woods (1999); el chico en esos momentos viajó a México a lo que era la Ben Hogan Tour (hoy la Gira Web.com en el Club Campestre de Monterrey).

Bueno, a través de los años, a principios de la década del 2000, realmente no había jugadores latinos, no habían surgido el argentino Ángel "Pato" Cabrera ni el colombiano Camilo Villegas; entonces, cuando Sergio García empezó a participar en los Majors era un jugador muy importante; era al que seguía como reportero ya que él podía darme respuestas en español.

Siempre fue interesante cubrir a Sergio García, creo que en un momento de su vida ganó tanto dinero, tanta fama: salía con la tenista suiza Martina Hingis, con Morgan Leigh, la hija de Greg Norman; es decir, había muchas cosas extracancha de este joven, pero en el campo siempre tuvo ese talento especial, ese talento que agradece a Víctor García, su padre, que siempre lo fue guiando en el mundo del golf.

Creo que para nadie es fácil que, de repente, a los 20 años de edad, te caigan millones de dólares, avión privado, mujeres hermosas, fama, pienso que en su momento hasta le costó trabajo lidiar con todo eso.

Me atrevo a asegurar que en los últimos años ha habido una conexión entre el nacido en Borriol y los mexicanos porque Sergio trabajó muchos años con la compañía de representación IMG, y con su agente Clark Jones. En esos tiempos siempre tuvo acompañándolo a Carlos Rodríguez, también español; creo que Carlos ha hecho muy bien su trabajo, ha ayudado muchísimo a Sergio y hace unos años firmaron a Carlos Ortiz y a Rodolfo Cazaubón, profesionales mexicanos; lo cual, por obvias razones nos acercó más, de alguna manera u otra, a Sergio García.

Recuerdo que había episodios en donde se decía que había hecho un desastre en el *Hooters* de Augusta Georgia después de un Masters, o cuando le dijo a la prensa española que no tenía lo que se requería para ganar un grande.

Lo que es un hecho es que hoy, Sergio García ya tiene una victoria en un Major, con todo y que le costó trabajo, a final de cuentas lo tiene, y el Masters 2017 siempre lo voy a recordar. Fue muy especial esa última ronda, cuando sale en el último twosome con el inglés Justin Rose, quien ya había ganado un Major (el US Open del 2013) y la medalla de oro en los Juegos Olímpicos de Río de Janeiro, Brasil (2016).

Fue un auténtico mano a mano. Había momentos en que parecía que la presión le podía ganar a Sergio García, como ese drive en el hoyo 13, en los árboles donde terminó consiguiendo par, creo que fue fundamental. Pero bueno, yo que llevo años narrando desde el green del 15, nunca voy a olvidar el grito que di cuando pegó su segundo golpe en el par cinco y casi, casi lo mete de aire y hace águila. Un tiro que fue clave para seguir el tú a tú entre ambos hasta el hoyo 72.

En el 18 tenía el putt para birdie, Sergio tenía para ganar en regulation, pero el nervio le ganó, fue normal, se le escapó el birdie y se fueron al playoff.

Justin Rose falla su drive, Sergio tiene dos putts para ganar y acaba metiendo birdie. Ahí queda la imagen de "el niño español", el prodigio, justo en el día en que hubiera cumplido 60 años la gran figura ibérica Severiano Ballesteros.

En ese triunfo tiene mucho que ver su vida personal; creo que la periodista estadounidense Angela Akins, su hoy esposa, le ha ayudado muchísimo a estabilizarse, y todavía más ahora que ya son padres de dos pequeños: Azalea y Enzo Akins.

Ese día fue muy curioso porque después de que ganó Sergio, nos tocó hacer la entrevista para ESPN con el Masters Champions y ya nos íbamos para "mi casa", la que renta ESPN cada año y en la que siempre nos quedamos, mi productor y gran amigo Augusto Bullrich, que se lleva muy bien con el mánager de Sergio, Carlos Rodríguez, y yo, al grado que logró que nos invitaron a cenar a la casa rentada de la familia García.

Cuando entramos, Sergio estaba como en shock, sentado en un sofá con Angela, veían la televisión para recordar sus tiros durante el torneo; yo creo que después de tantos años de espera, todavía no "le caía el veinte" que había ganado el Masters.

Recuerdo que entré a la casa con una botella de tequila Dobel en mano para festejar al estilo mexicano y había un señor, pensé que era un cocinero, y estaba furioso porque no se prendía bien el fuego para preparar su paella, a final de cuentas nunca se pudo cocinar y me dijo: "Tú ¿de dónde vienes?, ¿quién sos?" y le contesté: "Pues soy mexicano"; con un gran sonrisa me respondió: "Ah pues pásale", y empezó a filetear algo, a preparar una carne y luego me di cuenta que era el chef José Andrés, un chef español famoso en todo el mundo; de hecho en México tiene un restaurante en el Hotel W, fue el que se peleó con Donald Trump. Además, el chef José Andrés ayudó mucho en la preparación de la cena del Campeón Defensor, la llamada Champions Dinner, a la cual sólo asisten quienes han ganado un saco verde y el Chairman de Augusta National.

Ahí estuvimos viendo a Víctor García, el papá de Sergio, que tanto sufrió, siempre se mantuvo al lado de su hijo, vaya que también fue una noche muy especial para él.

Me tocó sentarme al lado de Luis Figo, estrella portuguesa del Barcelona y del Real Madrid. Había estado toda la semana con Sergio y creo que le ayudó mucho en la parte mental para controlar los nervios que se viven en una semana de major, sobre todos cuando nunca habías ganado y te toca salir de líder en el último grupo del último día. Un Luis Figo al que le encanta el futbol obviamente, pero su pasión, hoy en día, es el golf. Por si las dudas, no lo molesté con el futbol, hablamos más de Puerta de Hierro y Moraleja, los dos campos de golf en Madrid donde él juega.

Fue una noche muy especial, nos quedamos ahí hasta como a las dos de la mañana. Antes de irme, vi que ahí estaban, en la sala de la casa rentada, Sergio y Angela firmando las banderas que les piden a los ganadores, seguramente para cada socio; me tomé la selfi del recuerdo y fue una de esas experiencias que agradezco.

Conocí a Sergio cuando surgió en el mundo de la PGA Tour y haber tenido la oportunidad de ver cómo ganó, entrevistarlo esa noche y luego decir que fui a cenar a la casa del Campeón del Masters Sergio García, cómo lo explico. Fue muy divertido, inolvidable, ojalá Sergio pueda ganar más, que sea feliz ahora como papá y que sirva de ejemplo, no sólo a los españoles, también tiene muchos fans en Latinoamérica, muchos hispanos en Estados Unidos que les gustaría ser otro "Niño Campeón".

# 02

## El Latin America Amateur Championship

En repetidas ocasiones he mencionado que el golf es mi pasión, es lo que me introdujo a los medios, lo que me dio la oportunidad, es lo que me gusta jugar y hacer, por eso puedo decir, sin duda alguna, que el Latin America Amateur Championship es una experiencia muy especial. Ya de entrada es un honor formar parte de un torneo que fue hecho con la idea de hacer crecer el golf en Latinoamérica.

Hay que recordar que en su momento, la gente de Augusta National del Masters, de la United States Golf Association (USGA) y de la R&A (Royal & Ancient), crearon el Asia-Pacific Amateur Championship, donde la idea era fomentar el golf amateur en Asia y empezar a crear figuras; en su momento, Hideki Mastsuyama ganó ese torneo (2010) y en el 2021, Matsuyama se convirtió en el primer japonés en ganar un saco verde.

Sé que en algún momento, quien era el chairman de Augusta, Billy Payne (2006-2017) aseguró: "Algún día tendremos un campeón amateur asiático ganando el Masters y creo que algún día vamos a tener a un Latin America Amateur ganando el Masters". ¿Quién puede ser? Podría ser Joaquín Niemann de Chile.

Les platico la historia de este torneo. En el 2015 tuve el honor de ser requerido por Augusta National para viajar a Buenos Aires, Argentina, a hacer el anuncio del torneo, en la capital argentina donde, a partir de ese año, se estaría jugando el LAAC en diferentes países de Latinoamérica y el ganador tendría la oportunidad de jugar el Masters. Así de fácil ¿no?, y otros premios también importantes, pero en sí la invitación al Masters es el sueño de todo golfista. Lo que hubiera dado yo por jugar la gira infantil juvenil o el Junior World Golf Championship en San Diego y que me dijeran que si ganaba el Latin America Amateur me iba a jugar el Masters.

Además, creo que al mismo tiempo este torneo puso orden en la región, al tener rankings amateurs reales; aquí no sucede el clásico de que mi hijo juega muy bien y tengo palancas y va a jugar y representar a tal país. No, no, no, si estás en el ranking mundial, bien, si no, ni modo. Si juegas torneos en universidades en Estados Unidos, más ranking tendrás.

Para mí, en lo personal, ha sido una oportunidad para conocer diferentes culturas y países a los que nunca había ido. Ese primer torneo fue en Pilar Golf, en Buenos Aires, Argentina. Cerró con un gran match al final, un gran duelo entre el argentino Alejandro Tosti y el chileno Matías Domínguez, quien se llevó la victoria.

En el 2016 estuvimos en República Dominicana, en Casa de Campo. Es importante recordar que el primer socio latinoamericano de Augusta National, Luis Fernández, es uno de los propietarios de este campo. Es una gran cancha, se las recomiendo, The Teeth of de dog (El Diente del Perro). Yo trato de ir cada año a La Romana, un Resort espectacular, en el que te ponen un carrito de Golf y te mueves por todos lados, a la playa, a las albercas, al tiro al blanco, a todo lo que quieras. Ahí ganó por Costa Rica, Paul Chaplet.

Luego fuimos a Panamá en el 2017. Muy cerca estuvo el mexicano Álvaro Ortiz, quien perdió en playoff con Joaquín Niemann y Tomás "Toto" Gana, también chileno, quien al final se llevó la victoria.

El siguiente año fuimos a Chile (2018), al Prince of Wales Country Club. Vaya final, con un 63, viniendo de atrás, tirando 11 bajo par se llevó el torneo el local Joaquín Niemann, quien es el único que ha seguido los pasos que soñaba el chairman del Masters: ganar el Latin America Amateur y luego ganar un Torneo en la PGA Tour. Joaquín lo hizo en el 2019.

Precisamente en 2019, de regreso a Teeth of the Dog, Casa de Campo, República Dominicana, el tapatío Álvaro Ortiz vino de atrás y ganó para calificar al Masters, siendo el primer mexicano en jugar en Augusta desde Víctor Regalado en 1979. En el 2020, por primera vez el LAAC llegó a México, se jugó en El Camaleón de Mayakoba, en Playa del Carmen, ahí ganó por primera vez un argentino, Abel Gallegos, quien tiene mucho talento.

La edición 2021 estaba por realizarse en Lima, Perú, pero tuvo que ser cancelada por la pandemia de Covid 19, sé que el comité organizador buscará la manera de llevar a cabo el certamen en Perú, pero dadas las circunstancias y el desarrollo de la pandemia, era hasta cierto punto lógico regresar a Casa de Campo en Dominicana, porque es un lugar conocido y con todo lo necesario.

Era una edición especial porque el ganador no sólo iría al Masters, también tendría la oportunidad de jugar el Open Championship, en su edición 150. El LAAC se decidió hasta el hoyo 72, el argentino Vicente Marzilio y el mexicano Santiago de la Fuente fallaron putts que los hubieran metido a un playoff, la victoria fue para Aarón Jarvis de Islas Caimán; por cierto, este torneo me sirve mucho para ir conociendo y detectando talentos que en un momento dado pueden destacar a nivel profesional. Les diría que hay que estar muy pendientes del de Ocotlán, Jalisco, Santiago de la Fuente, ese chavo, me da el felling que va a dar mucho de qué hablar.

En el 2023 se jugará el torneo por primera vez en la isla de Puerto Rico.

# 03

## World Golf Championship México

Creo que hay sueños o ilusiones que de niños o de jóvenes pensamos irrealizables. Ya les he platicado que viví mi niñez adentro o afuerita del Club de Golf Chapultepec; crecí viendo ahí a Lee Treviño y a Raymond Floyd, manteniendo la esperanza de que alguna vez viniera Severiano Ballesteros y que pudiera ver en mi club a los mejores del mundo, ver cuánto le pegan; si desde el par cuatro, hoyo diez, podían subirse a green, por ejemplo.

Fue justamente en el Masters del 2016, yo andaba en el hospitality, es una locura, se llama Berckmans Place at Augusta National y calculo que caben unas tres o cuatro mil personas; lo pongo así, imagínense que entran al lobby del mejor hotel o casino en Las Vegas, pues así es este lugar, donde te puede recibir Jack Nicklaus, Condoleezza Rice, Lynn Swann, Ben Crenshaw, Peyton Manning, quien ahora es socio de Augusta

National y tiene como cuatro o cinco restaurantes, el de St. Andrews, uno de Los Ángeles estilo californiano y otro de comida tipo Louisiana; es decir, tiene una serie de restaurantes todo incluido: la comida y lo que quieras tomar.

En fin, volviendo al hospitality de Augusta, creo que al inicio costaba unos seis mil dólares el boleto de la semana, debe estar ahora en unos nueve o diez mil dólares, pero no se venden al público son sólo para los socios y algunos patrocinadores, y lo más impresionante es que en el jardín de este hospitality tienen una réplica del green de los hoyos 7, 14 y 16 de Augusta National. También tienen otro green con diferentes posiciones de banderas. Te formas, te dan tu putt, te ponen un caddie y es como si estuvieras ahí, la bandera de Nicklaus en el hoyo 16 del Masters de 1986.

Pues ahí estaba platicando con un socio que había sido presidente de Oakmont Country Club, a las afueras de Pittsburgh donde el argentino Patricio "Pato" Cabrera ganó el US Open, y me comentó: "Fíjate que hace poco jugué aquí, en Augusta National, con la familia Salinas, tienen muchas ganas de llevar un torneo de la PGA Tour a México". Y me dije: "¡Ah caray! Pues ya está Mayakoba ¿cuál podría ser?"

Y así fui averiguando que el World Golf Championship en el Trump National Doral de Miami, estaba viendo si cambiaba de sede. En esa época Donald Trump era candidato a la presidencia de los Estados Unidos, todavía no llegaba a la Casa Blanca y el tour y los patrocinadores ya no estaban apoyando tanto ese torneo y estaban viendo si alguien pudiera patrocinarlo; fue entonces que me enteré de que eran los Salinas.

Me acuerdo que ese 2016, en la transmisión del Masters, le comenté a Paco Alemán y a Silvia Bertolaccini: "Estoy muy contento porque he escuchado que podría haber otro torneo de la PGA Tour en la Ciudad de México y podría ser en el Club de Golf Chapultepec", también se lo comenté a algunos patrocinadores que conozco y estaban medio sorprendidos y ahí quedó. Le avisé al "mero, mero" del golf en ESPN en inglés Mike McQuade: "Parece que le van a quitar a Trump su torneo en Doral y se lo dan a mi club, el Club de Golf Chapultepec". Y fue todo. Semanas después estaba en la cobertura de la Copa América de futbol que se jugó en Estados Unidos, era un partido de preparación de la selección de Juan Carlos Osorio en San Diego, México vs Chile (1-0), unas semanas antes de que los andinos nos metieran siete en los cuartos de final de la Copa.

A las cinco de la mañana, hora del Pacífico, me llaman y me dicen: "Prepara todo lo que sabes, vete al estadio que vas a enlazar en vivo. Platícalo todo porque el candidato Trump acaba de anunciar que le quieren quitar su torneo". Y así salí al aire. Imagínense, cuando dices Chapultepec a los estadounidenses, no está fácil para que se lo aprendan y así se empezó a concretar este sueño.

Viene el primer año (2017) y empiezan a llegar todas las figuras. En ese momento, en ese primer año, la gran figura era Jordan Spieth, aunque ahí debutó como número uno del mundo Dustin Johnson y también vino Rory McIlroy. Fue algo muy emotivo para mí haber crecido ahí, recordar lo que mi papá Enrique o tantos otros socios que conozco hubieran dado por estar allí: el señor Elmer Llanez, Sergio Beskin, Moisés Zacarías y tantos socios de la vieja guardia del Club de Golf Chapultepec. Quién iba a pensar que los mejores del mundo vendrían.

Aplaudo mucho a Ricardo Salinas Pliego, a Benjamin Salinas; ojalá algún día se cumpla lo que yo sé que para ellos sería un gran sueño hecho realidad, y todos tenemos sueños, el de ser socio en Augusta National (por cierto, ya hay un socio mexicano: Arturo Gutiérrez, golfista regio que juega en el campo Las Misiones). Creo que han hecho mucho por el golf y ojalá se dé. Recuerdo que hice un enlace para ESPN Radio Fórmula y me ganó el llanto, me ganó el sentimiento, era algo muy especial, y es que el Club de Golf Chapultepec, si lo conocen, tiene una inclinación: del hoyo 18 al 14 todo va hacia abajo y eso volvió locos a los jugadores, el saber las caídas, el ajuste de la altura de la Ciudad de México, le pegas de 10 a 15 por ciento más; entre más alto le pegas, más vuela la pelota y ese año se lo llevo Dustin Johnson y al siguiente fue Phil Mickelson.

Nunca he sido muy fan de Phil Mickelson, pero eso no quiere decir que no sea uno de los mejores golfistas de la historia, basta con recordar lo que logró en 2021: ganar el PGA Championship a los 50 años. Por ahí cuando lo entrevisté medio le dije: "Te voy a hacer unas preguntas en español"; muy listo, Phil contestó muy bien y es otro ganador de primer nivel.

Ni hablar, fue algo muy padre, pero el torneo que más llamó la atención fue el de 2019, "el Tigre", Tiger Woods vino a México. Que si confirmaba, que si no confirmaba, y a final de cuentas llegó a México y les voy a contar una anécdota.

Él llegó el martes, que es el "día de socios", el día en que sólo los socios pueden entrar al club y todos estaban en ansiosa espera por "el Tigre", quien habrá llegado como a las 9:30 o 10 de la mañana y se metió a los baños. Gracias a un gafete que me da cada año el PGA Tour, tuve acceso a la casa club y aproveché para meterme al baño. Me di cuenta de que alguien estaba al lado y cuando salí y me estaba lavando las manos, de repente me dice alguien en inglés: "*Are you felling better*" (Te estás sintiendo mejor), y para mi sorpresa, era Tiger Woods. Me ataque de la risa y le dije: "Mi Tigre, en 90 años de historia de este club, hoy es el día más importante porque tú estás aquí". Y lo tomó muy bien.

Woods hizo que fuera una semana muy especial, es un buen tipo. Hay que entender el mundo en el que vive. Le regalé su botella de Dobel Diamante, estaba feliz, le gusta mucho el tequila, como a muchos jugadores y lo hago cada año como una tradición. Por ahí le dije: "Hoy muchos niños no fueron a la escuela por venir a verte". En su ronda jugó nueve hoyos ese día, ahí estaba mi hijo Enrique, Tiger se paró, fue con él y se tomó una foto con Enrique. Diez minutos después hice un enlace con Beto Murrieta para ESPN Radio Fórmula y me dijo: "John, para ti ¿qué significa que el Tigre esté en tu club, en tu casa?" No pude evitarlo, me ganaron las lágrimas. Sé que a veces me burlo de que soy muy llorón, pero es cierto, sí soy muy llorón, el sentimiento te gana.

En esa ocasión ganó Dustin Johnson, volvió a ganar por segunda vez; lo interesante es que Dustin ha hecho buena amistad con Alejandro Iraragorri, propietario del Santos Laguna y del Atlas, del futbol mexicano. Se conocieron en la Ryder Cup de París, por ahí se puso su hermano durante una ronda el jersey del equipo Santos, es buena onda Dustin Johnson. Me late que no se cuida mucho, no es muy responsable en sus actos extracancha, pero eso no le quita que es uno de los mejores golfistas. Incluso ya se vistió el saco verde de Augusta National, cuando ganó el Masters 2020 que se jugó en noviembre de ese año por la pandemia, pero eso ya se los platicaré con detalle más adelante.

En el 2020 no vino "el Tigre" y nos dimos cuenta de que anda "amoladón". No sé qué tanto Tiger Woods vamos a tener, de por sí ya tenía la máquina muy cansada. Siempre he pensado que lo único que le falta es la victoria 83 para superar a Sam Snead como el máximo ganador de torneos en la historia de la PGA Tour, pero después de su accidente automovilístico, si de por sí ya tenía muchos clavos en la espalda, se deshizo el pie derecho en ese percance, yo creo que está muy complicado que logre ese objetivo; pero bueno, no se sorprendan que se dé el regreso de "el Tigre" en el 2022.

Para cerrar el tema del World Golf Championship, nuevamente aplaudo mucho a Benjamín Salinas, siempre les he dicho a los socios del club, es como si alguien te quiere traer a

U2, te pide tu jardín y te traen tu concierto y le cuesta una fortuna traerlos. Calculo que el torneo pierde, por lo menos unos cinco millones de dólares al año; pero bueno, ese no es tema para meterme, no me consta nada, al revés, lo reconozco, sé cuánto cuesta el torneo y es un gran esfuerzo.

Quiero hacer una mención a Tom Newton, legendario superintendente del Chapultepec, 18 años como nuestro "mandamás" en el campo de golf del Club Chapultepec. Días después se nos quedó dormido, Diosito se lo llevó, un Tom Newton tan dedicado, tan profesional, tan buen humano, el torneo de golf que hago cada año, el John Sutcliffe Invitation presentado por Unifin, juntó dinero para los jardineros y les hice una taquiza; en ese 2020 le dedicamos todo a Tom Newton: palabras, lágrimas, cariño...

Ojalá continuara el WGC, ya que mientras estuvo en México le dio la oportunidad a los mexicanos, Abraham Ancer, Carlos Ortiz, en su momento a Roberto "Bobby" Díaz, y eso tiene un efecto en todos lados como el que ha causado en Gaby López y María Fassi. Gracias a la familia Salinas, al comisionado, a empresas que apoyaron este torneo como Banorte y Casa Cuervo.

El WGC tiende a desaparecer, la PGA Tour con las giras de Europa y Asia ya se han unido, por lo que creo que para el 2022 habrá cuatro competencias en Europa, cuatro en Asia y ya no hay la necesidad de tener un World Golf Championship, siempre dije que era el mejor sexto torneo del mundo, después del Masters, el US Open, British Open, el PGA Championship y el Players.

Ahora el torneo se jugará como parte del Abierto Mexicano. A final de cuentas, lo que se vivió en el Club de Golf Chapultepec siempre será muy especial, lo recordaré para siempre. Mi segunda casa recibiendo a los mejores golfistas del mundo.

Es una lástima que no se encontró la manera de mantener el torneo de la PGA Tour en la Ciudad de México, creo que fue un golpe duro porque una buena manera de fomentar el golf en el país, es jugando el torneo más importante en la capital, pero bueno. El Chapultepec cambió el riego, no quiso ya tener el torneo, creo que los socios no se acostumbraron a traer a los mejores del mundo. El Club México tampoco lo quiso, a mí me sorprendió, pero tendrán sus razones. El Churubusco tampoco aceptó ser sede del torneo; Los Encinos dijo que los vecinos no querían problemas de tráfico.

El certamen, a final de cuentas, se va a Vidanta en Vallarta, Jalisco. Ayudará mucho a fomentar esa zona turística, a toda esa parte de Nuevo Vallarta y un poco más lejos como Punta Mita. Ojalá el campo cumpla, porque esto es bien importante, si a los jugadores les gusta el campo y hay una bolsa importante de dinero, esto garantizaría la continuidad.

Ahí está el Abierto Mexicano que tiene tanta historia. Nunca voy a olvidar al estadounidense Ben Crenshaw ganando en el Chapultepec en 1981, al vencer a su compatriota Raymond Floyd; ahí fue la última vez que vino el también norteamericano Lee Treviño a México. No olvido la época en que el mexicano Ernesto Pérez Acosta se coronó dos veces en la década de los setenta (1970 y 1976). Tampoco cuando lo ganó el argentino "el

Gato" Eduardo Romero, en paz descanse, en 1998; John Cook ganó en 1995 y Stewart Cink en 1996.

Le va a dar una promoción importante a la Federación Mexicana de Golf el hecho de que su torneo más importante forme parte de la PGA Tour. Le deseo mucho éxito y espero estar caminando como reportero de cancha en el Mexican Open de Vidanta cada año.

De alguna manera, el crecimiento del golf mexicano ya se está sintiendo porque, después de más de cuarenta años, desde los 70, cuando Víctor Regalado logró por primera vez un triunfo en la PGA Tour para nuestro país, el tapatío Carlos Ortiz hizo lo propio al imponerse en el Houston Open en noviembre del 2020. Espero que cuando salga este libro, ya tengamos más ganadores que poner para la siguiente edición.

# 04

## Jon Rahm

Siempre he estado pendiente del golf y cuando hay una figura internacional, sobre todo latina o española, le doy seguimiento. Constantemente había escuchado sobre Jon Rahm, el español que era el número uno amateur del mundo, que vino a jugar a Mayakoba como novato. Es uno de esos nombres de los que siempre estás al pendiente, viendo cómo va desarrollando su carrera.

Sabía que estaba estudiando en Arizona, no sabía exactamente dónde, pero en el 2017 tuve la fortuna de empezar a tratar a Jon Rahm. Él, justo en febrero de ese año, ganó su primer torneo en la PGA Tour metiendo un putt impresionante en el green del 18; en el par cinco de Torrey Pines, metió un putt para águila desde la parte de atrás del green que, al final, le valió para la victoria.

Justo venía el World Golf Championship, se iba a jugar por primera vez en el Club de Golf Chapultepec y el equipo de Reportajes Especiales de ESPN me mandó a entrevistarlo, a hacerle un reportaje que también funcionara como su debut en el Masters que sería ese año.

Recuerdo que me volaron de ida y vuelta, porque tenía que estar de regreso para hacer unas cosas previas al torneo de golf en el Club Chapultepec. Volé a Phoenix en la mañana, no sé, creo que llegué como a las 2 de la tarde. La entrevista me la dio a las 4 y a las 9 de la noche, con escala en Los Ángeles, estaba regresando a México.

Me dijeron: "Oye John, este chavo aprendió inglés escuchando música de rap, a ver qué te puede decir. Le interesa mucho a ESPN en inglés esa historia, ese ángulo". Llegué al campo de golf donde practica normalmente Jon Rahm y teníamos todo listo con un crew muy profesional con tres cámaras de televisión. Jon tenía un condiscípulo de Hermosillo que era su compañero de cuarto. Resulta que cuando Jon Rahm llegó de España a estudiar en Arizona State, no entendía ni media palabra de inglés, no hablaba nada.

Por alguna razón siempre le ha costado mucho a los españoles hablar inglés. Bueno, entrevisté a su compañero y nos dijo que él había aprendido así y que lo compartió con Jon, entonces, Jon nos comentó: "Sí, hay ciertas palabras, con el tiempo me di cuenta de que escuchando a Eminem era más fácil, aunque también hay palabras que no debería repetir; pero aprendí mucho a pronunciar gracias a la música de rap".

En ese reportaje lo pusimos a cantar un poquito, luego le dije: "Jon, aquí en Arizona quizá te has dado cuenta de que representas al jardinero, al que hace de desayunar, al cocinero de este club donde vives...", se quedó pensando y me contestó: "¿Sabes qué?, nunca lo había visto desde ese ángulo". Con eso hicimos clic y, gracias a Dios, hoy en día me llevo muy bien con Jon Rahm.

Hicimos la historia, me tocó presentarla en el Masters; desde entonces, de alguna manera, gracias a Jon Rahm se me ha dado la oportunidad de salir en reportajes en las transmisiones en inglés. Ya cuando fue a México al Club de Golf Chapultepec, como de costumbre, le di su botella de Dobel 50.

Le gusta el tequila, es educado. Creo que es un español que puede venir de clase media, pero viene de una familia trabajadora que vive de su esfuerzo. Un día su agente me dijo: "Le gusta hablar contigo, le caes bien, respeta tu trabajo".

Ahora se ha vuelto uno de los mejores golfistas del mundo, ganador en torneos de la PGA Tour, sin duda es el número uno del planeta. Por si fuera poco, tengo la suerte de ser embajador de *Callaway*, y *Callaway* es la marca que usa Jon Rahm. También uso ropa *TravisMathew* y el putt *Odyssey*; soy socio de Top Golf, entonces también tengo la suerte que exactamente las marcas que represento en golf son las que tiene Jon Rahm.

Fui a transmitir el US Open 2021, fue una semana muy especial en Torrey Pines. Ya les he dicho que yo crecí ahí jugando golf. Jugué el Junior World a los 16 años y recuerdo que lo hice muy bien: 76, 75, 74 y 78. Ahí me tocó transmitir a Tiger en el US Open cuando ganó con la rodilla deshecha en el 2008, el 16 de junio.

Me tocó ir con Matías Anselmo y Hernán Rey, mis nuevos compañeros en las transmisiones de golf. Últimamente me han mandado solo y pues ahí sacas el material; tengo mi carrito, lo estaciono y me voy a transmitir en cancha o, muchas veces en torneos grandes, ESPN manda un crew, normalmente con el productor Eric Lundsten y el dos veces campeón del US Open, Andy North, quienes me estuvieron ayudando.

Esa semana pude entrevistar a Rory McIlroy, fue histórica porque había 10 latinos jugando un US Open: Álvaro y Carlos Ortiz, Abraham Ancer, Mario Carmona, de México; Joaquín Niemann de Chile; Juan Sebastián Muñoz de Colombia; Luis Fernando Barco de Perú; Luis Gagne de Costa Rica; Fabián Gómez de Argentina y Jhonattan Vegas de Venezuela. El último día comencé siguiendo a Joaquín Niemann, de ahí me mandaron al hoyo 11 con Rory McIlroy, quien no estaba jugando bien, llevaba tiempo sin meterse en la pelea por un grande el último día.

Luego la producción me dijo: "John, vete con Rahm". Llegué con él por ahí del hoyo 14 o 15, justo me tocó ver lo bueno, cuando en el 17 se va a la trampa del fairway a la derecha, de ahí la deja a un putt de unos 25 pies, y dije en la transmisión: "Esos son los putts que se tienen que ganar si quieres obtener un major". Simplemente fue especial. Metió ese putt para birdie. Pude jugar la cancha al día siguiente y caía como seis pies.

Luego, en el 18, tenía como 224 yardas en su segundo tiro y se fue a la trampa; de ahí la bandera está muy cerca del borde de la trampa; entonces la sacó para asegurarse que no se fuera al agua al laguito que está atrás. Metió un putt para birdie. El sudafricano Louis Oosthuizen se puso nervioso y Jon Rahm ganó. Ahí estaba su familia, sus papás, su bebé Kepa, su esposa Kelley Cahill. Justo después de la premiación, que por cierto fue un desastre porque no servía el sonido local, Jon Rahm le metió su llegue a Tylor Made agradeciendo a *Callaway* de todo lo que hoy puede hacer, como ganar un major gracias a esa marca. Le gustan los bastones *Callaway* y le han funcionado.

Después de la premiación me dijeron: "John, ya viene para acá. En unos 10 o 15 minutos tendrás entrevista con Jon Rahm para ESPN". Justo en ese momento, el productor Eric Lundsten me dijo: "John, tengo un problema con Andy North que va en vivo para el Sport Center, entra a las 6, te tengo que dejar". "Tómala", pensé; entonces ahí me dejó la cámara, no la sé ni prender. Fui con un compañero que había conocido en esa semana, el encargado de audio en la conferencia de prensa. Le pregunté: "Oye, ¿sabes usar cámara? ¿Sí? Entonces, llégale porque tengo que entrevistar a Jon Rahm". Vino Jon y me dio una entrevista muy emotiva...

Y así es, son de esas historias que he tenido la fortuna de vivir con los españoles. Estar cerca de Sergio García cuando ganó el Masters y con Jon Rahm en su victoria en el US Open. Se dice fácil, el primer español en ganar el US Open. Él mismo nos lo decía: "Seve no había podido ni Chema Olazábal, ni Sergio".

Esta historia va a continuar, pero esa fue una semana muy especial en Torrey Pines. Lo considero un amigo a quien respeto y él respeta mi trabajo, cuando necesitamos entrevistarlo, siempre es accesible. Fue un US Open divertido, sobre todo cuando conseguimos un camarógrafo de último minuto para la entrevista con el ganador Jon Rahm.

# 05

## Rory McIlroy

A través de los años como reportero de cancha tienes la oportunidad de conocer a grandes atletas que casi siempre son buenas personas, aunque no todos; de repente ves grandes deportistas que son excelentes personas, uno de ellos es Rory McIlroy.

Creo que el irlandés es hoy por hoy uno de los golfistas más mediáticos, pero a la vez también es el cuate más sencillo. Hay que recordar que Rory viene de abajo, de una familia trabajadora que no tenía recursos en Irlanda. Todavía me acuerdo cuando en algún torneo de Masters conocí a unas personas que eran inversionistas en Rory, habían comprado parte de su carta; dependiendo de cómo le fuera a Rory, ellos ganaban o perdían dinero porque, seguramente, en algún momento, como le pasó al Pato Cabrera y a otros golfistas, alguien les tuvo que pagar los gastos y, a cambio de eso, se llevaban un porcentaje de las ganancias.

Un Rory McIlroy al que le falta el Masters para completar el Carrer Grand Slam, ojalá que cuando ustedes estén leyendo este libro, Rory ya se haya puesto el saco verde. Nunca olvidaré el Masters del 2011, Rory abrió con 65, 69, 70 y el último día jugó con el Pato Cabrera y tiró un 80. Había lágrimas en la salida del 11.

Es un chavo que ha sabido lidiar con esa fama y no es fácil, él es, ahora sí, de avión privado pero he visto que si hay caddies a quienes les puede dar un aventón a Florida después de acabar un torneo, los sube y se los lleva. Estás hablando de alguien que firmó un contrato de uso de palos como de 10 años por 100 millones de dólares; más los millones que le da cada año Nike, pero sigue siendo un chavo a toda madre.

En una de sus visitas al Club de Golf Chapultepec al WGC, me lo topé en los vestidores del club, comiendo en la zona donde normalmente comían los caddies y ahí estaba con los pelos parados. Le regalé su botella de Dobel 50, un año anterior le di otra y me dijo: "Mira, la puse en el bar de mi casa" y me enseñó la foto.

Le comenté que mi hijo Enrique agarraba el bastón cross handed (al revés) y me había dicho mi chavo: "Papá, si me vuelves a decir que cambie el grip, dejo de jugar golf". Le dije: "Rory, eres el número uno del mundo, ¿le grabarías un mensaje a mi hijo?" y lo hizo: "Hi Enrique, tu papá me dice que agarras el bastón así, yo te recomiendo agarrarlo así, y eso te va a ayudar mucho". Lo vio mi hijo y, obviamente, al día siguiente empezó a cambiar el grip. Se lo dijo Rory McIlroy, el número uno del mundo en su momento, pues claro que le iba a hacer caso, más que a su papá.

En la Ryder Cup del 2021, jugó muy mal. El último día, su Match de domingo lo pudo ganar y terminó llorando, eran lágrimas sinceras. Creo que es un buen chavo, un excelente ser humano, que aparte ha sido muy listo para los negocios, hay quien me ha comentado que 20 por ciento de las acciones del Golf Channel en Estados Unidos son de Rory McIlroy.

Si hay alguien a quien respeto y admiro como gran golfista, es a él, sobre todo porque es un cuate normal, nunca se le subió. No viene de una familia que lo tuviera todo, lo que ha logrado ha sido con base en talento y trabajo. Así es como se ha convertido en uno de los golfistas más importantes del mundo y, me atrevo a insistir, dentro de las figuras del golf es el cuate más sencillo.

Gracias Rory por ser así.

# 06

## Masters 2020

No cabe duda de que durante la pandemia se cancelaron muchos eventos deportivos: se reagendaron, se pospusieron y, justo cuando pegaba con más intensidad el Covid, venía el Masters de golf en Augusta, Georgia. Siempre es programado para celebrarse en la segunda semana de abril, porque siempre tiene que terminar el segundo domingo del cuarto mes, pues así lo quiso Bobby Jones.

La idea era que los periodistas que cubrían los Spring Training, los entrenamientos primaverales de los equipos de Grandes Ligas, cuando regresaran de Florida pudieran parar en Atlanta para cubrir el torneo de golf. Pues en el 2020 el torneo se llevó a cabo pero, por primera vez en la historia, el Masters se jugó en el mes de noviembre, del 12 al 15.

Fui muy afortunado, fue la primera cobertura que hice en tiempos de Covid. Imagínense que si normalmente van como

50 o 60 personas de ESPN al Masters, sobre todo porque los derechos en inglés en Estados Unidos son de ESPN para miércoles, jueves y viernes, en esta ocasión fuimos 15 personas y yo era el único de ESPN Internacional.

Fue todo un rollo. Estaba en San Diego, California, porque era más fácil estar en Estados Unidos para viajar. Recuerdo que tuvimos que practicarnos una prueba de Covid y mandar los resultados. Lo llevé a un Fedex box y les llegó al día siguiente, así te decían si podías viajar. Después de recibir la autorización, volé a Augusta, Georgia. Llegando me hicieron otra prueba y, a media semana del torneo, me hicieron una prueba más.

Era una situación muy especial. Compré una placa conmemorativa del Masters 2020 y me puse a sumar, justo éste era mi Masters 20 de manera consecutiva.

No había público, bueno, muy poquito. El escaso público que había, 500 personas, eran los socios de Augusta National. Incluso les pidieron no ponerse el saco verde para que no se viera en la televisión que eran los únicos ahí, porque eran socios.

De repente veía un lugar que conocía bien, pero vacío; estaban practicando los jugadores, pero en los días previos al torneo, no había nadie, no se veía nada. Fue un año que el campo sería diferente. El pasto crece diferente en noviembre que en abril, hay menos sol, a las 5 de la tarde ya no hay luz.

Fue especial porque fue un Masters que jugó muy bien Abraham Ancer, el mexicano. Abraham había comenzado 68, 67 y estuvo con los líderes en el último grupo el sábado y el domingo, peleando un saco verde para México ante Dustin Johnson.

Nunca se me va a olvidar la primera ronda de aquel jueves, no terminaron su día por cuestión de luz y salieron a jugar todos el viernes a las 7:30 de la mañana. A Abraham le tocó en el peor hoyo para dar su primer tiro: en el par tres, hoyo 12. Imagínense, el par 3 más famoso del mundo, con el lago ahí en tu primer tiro. Recuerdo que llegué a las 7:15, la primera vez que saludé a Abraham en la semana, jugaba con Phil Mickelson. No había nadie ahí en Amen Corner, como le dicen; era medio escalofriante, sí, un privilegio para mí, pero no había nadie.

Abraham se puso en la pelea, el último día salió con Dustin Johnson a jugar. Un putt clave fue en el hoyo 2, creo que ahí se puso nervioso, es la realidad, se dice fácil, pero creo que era una gran oportunidad para Abraham porque él no le pega muy largo y Augusta estaba corriendo como nunca por ser noviembre y no abril.

A final de cuentas, Abraham acabó el torneo 68, 67, 69 y 76; ganó Dustin Johnson con 20 bajo par. El buen DJ a quien conocemos bien por sus participaciones en el WGC en el Club de Golf Chapultepec, ganó su primer saco verde.

Vino la ceremonia y la premiación. Primero para la televisión en Butler Cabin, luego hay una celebración y una premiación en el green de práctica con los asistentes, pero prácticamente no había nadie.

Fue un privilegio estar ahí y qué bueno que el Masters volvió a su normalidad a jugarse en abril en el 2021, pero en ese Masters 2020, cuando se cumplían mis dos décadas de mi evento favorito anual, fue muy especial y un privilegio haberlo cubierto. Qué bueno que ya dejamos atrás esto de eventos deportivos sin público.

# 07

## El Tigre al Salón de la Fama

Durante la edición 2022 del Players, el torneo más importante de la PGA Tour que, por cierto, ganó el australiano Cameron Smith, con una cátedra de cómo puttear logrando 10 birdies en la última ronda; se llevó a cabo durante la semana la inducción al Salón de la Fama del Golf. Fueron cuatro los invitados: Susie Maxwell Berning, once veces ganadora de la LPGA Tour y tres veces campeona del Abierto de los Estados Unidos; Tim Finchem, excomisionado de la PGA; la fallecida Marion Hollins, la primera mujer en diseñar campos de golf y quien tuvo que ver con Cypress Point, el mítico campo privado en Carmel, California, y el gran Tiger Woods.

Obviamente, el hecho que Tiger fuera uno de los invitados a pertenecer al Salón de la Fama le dio un significado muy especial al evento. Para mí Tiger es el mejor de toda la historia, incluso lo pongo por encima del Oso Dorado, Jack Nicklaus.

Fue en las nuevas instalaciones de la PGA Tour, realmente muy modernas. Estuve como reportero de la alfombra roja, le grité un par de veces a Tiger: "¡Tigre!, ¡Tigre!", pero no me hizo caso, no se paró y lo entiendo. Llegó en pants y, además, se veía que estaba muy nervioso, seguramente porque su hija Sam sería la encargada de hablar y hacer la inducción al Salón de la Fama de su papá y querían practicar para que todo saliera bien.

Hubo muchas figuras, recuerdo que en la alfombra roja entrevisté a Nancy López, a Annika Sorenstam, y muchas otras personalidades del golf. Era un salón muy elegante, no sé cuánta gente habrán invitado, no más de 500 personas. Entre los asistentes estaban los jugadores Jordan Spieth, Justin Thomas, Rory McIlroy, muchas personas querían ver al Tigre, pues es el referente, ¿quién no creció viendo a Tiger en la televisión? Seguramente, muchos de los jugadores actuales, los más mediáticos, sí lo hicieron.

Para mí, la primera vez que lo cubrí fue en el PGA Championship de Valhalla Golf Club, en Louisville, Kentucky en el 2000; luego en la Copa del Mundo ese mismo año en Buenos Aires, Argentina, platiqué con él, parados frente a la cámara me respondió un par de preguntas. También cuando ganó en St. Andrews, el Open Championship en el 2005. Ya les he platicado que esa fue la primera vez que lo entrevisté en una charla formal, mi papá estaba enfermo de cáncer y esa entrevista significó mucho para mí. Él ganaba su décimo Major a los 30 años de edad. Luego vino la victoria de Torrey Pines en el

US Open en 2008, un par de visitas a México y después me tocó estar en el Masters 2019 en el que ganó su quinto saco verde cuando todo mundo pensaba, yo también, que el Tigre estaba acabado.

Pero esa ceremonia quedó para la historia. Habló su hija Sam, fue un momento muy emotivo. Vinieron tres puntos que se me quedaron marcados para siempre. El primero, cuando Sam habló de los días en que no sabían si su papá iba a regresar a casa después del accidente automovilístico que sufrió en Los Ángeles, California; no sabían si iba a perder una pierna, si iba a volver caminando por su propio pie. Gente muy cercana a Tiger me dijo que, de milagro, no le amputaron la pierna derecha.

El otro punto, cuando habló Tiger. Él por lo general declara muy bien, como robot, siempre se cuida mucho de lo que dice y lo que no dice. Pero esta vez, se abrió de corazón; contó cómo con su papá iban a jugar golf a un campo público en el que, si no tenías 10 años, no te dejaban jugar. Entonces, el jefe terminaba de chambear como a las cuatro de la tarde y le pedía que con hojas y ramas se camuflajeara para meterse y esconderse en el campo para que no vieran que estaba allí. Es ahí donde encontraba pelotas de las que había antes, de balata, de liga y que eran las buenas y las guardaba para los torneos que jugaba el fin de semana en campos privados; las duras las usaba para practicar.

Visiblemente conmovido, narró cómo a los 13 o 14 años iba a torneos en clubes privados y no lo dejaban entrar a la casa club por el color de su piel, pero eso lo motivaba mucho y él decía: "A mí nada más díganme dónde está la salida del uno y cuál es el récord del campo". Siempre se habían manejado rumores de qué había sufrido en su juventud por cuestiones de racismo y esta vez se abrió de capa y espada y denunció la discriminación de que fue víctima por el color de su piel.

Más adelante, relató la época en que tenía que empezar a jugar torneos en California y el resto de Estados Unidos y sus papás no tenían dinero. Tuvieron que pedir un préstamo con aval de la casa y un segundo préstamo para la casa; es decir, en Estados Unidos tienes un préstamo para pagar la casa y luego pides un segundo préstamo si no te alcanza la lana, y lo hicieron para que él pudiera jugar golf.

Luego agradeció a Phil Knight, el CEO de *Nike*, quien le dio su primer contrato millonario. También agradeció a sus papás, a sus hijos, a sus caddies que le habían ayudado, no mencionó nombres, pero hay que recordar a Steve Williams con quien vivió tanto, nada más 13 de sus primeros 14 triunfos en majors; también recordó a sus coaches, no los mencionó, pero Butch Harmon fue el primero. Después de eso, como que entró a su modo automático de declarar, agradecer y decir todo.

Como sea, ese Salón de la Fama del 2022 en Punta Vedra, Florida, será siempre recordado como el día en que, a sus 45 años, le dijeron a Tiger Woods "ya formas parte de lo más selecto en la historia del golf".

Ojalá cuando lean mi libro esté de regreso y haya obtenido la victoria 83 para convertirse en el máximo ganador de la PGA Tour, dejando atrás a Sam Snead.

En esa ceremonia, el Tigre simplemente habló desde el corazón y reconoció: “Cuando era niño no me dejaban entrar a las casas club por el color de mi piel”. Qué cicatrices no tendrá en el alma de esas épocas, pero supo usarlas como motivación y llegar a ser el mejor de la historia.

Quiero agradecer en estas páginas a mi amigo Arnaud que me haya brindado la oportunidad de asistir a esa ceremonia porque me dio un boleto para estar en esa ocasión tan relevante que será recordada para siempre.

# FUTBOL AMERI-CANO . . .

# 03.

# 01

## "Yo soy fiesta Gronkowski": Rob

Mi amistad con Rob Gronkowski, podríamos decir que comenzó en Gillette Stadium, el 22 de enero de 2012. Era el juego de campeonato de la Conferencia Americana, los New England Patriots recibían a los Baltimore, Ravens.

Los cuervos tuvieron la oportunidad de ganar con una patada de Billy Cundiff y no lo lograron; a final de cuentas, los Pats se llevaron la victoria 23 a 20. En esa época era muy común que me mandaran para *SportsCenter*, pero iba solo y, de alguna manera, Big Brother me prestaba una cámara, esto es que los compañeros de ESPN en inglés me facilitaban una cámara y me decían: "John, escoge rápido a alguien, ¿a quién quieres entrevistar? Órale, para que hagas algo rápido".

En ese momento Rob Gronkowski se había vuelto un jugador muy importante, obviamente que Brady era el mero, mero, pero Brady no iba a hablar en el vestidor; había tenido una temporada de más de mil yardas y más de 17 touchdowns. Les dije: "Bueno, voy con Gronkowski".

En esa entrevista, para empezar, en respuesta a mi primer pregunta sobre el partido dijo: "Hola soy Roberto" y luego me habló del juego. Ya para terminar la entrevista le cuestioné cómo pensaban celebrar y simplemente contestó: "Yo soy fiesta". Es otro jugador de la NFL que busca comunicarse con los hispanos, no habla español pero trata de comunicarse con los aficionados.

Obviamente Gronkowski empezaba a ser esa súper figura de los Pats y estaba muy consciente del mercado latino. Hoy por hoy los Patriots han atacado muy bien ese mercado, pero ese día cuando dijo : "Yo soy fiesta", el *Boston Globe*, quizá el periódico más importante de Boston estaba ahí, publicaron la historia y se volvió  viral; en esa época no era tanto el auge de las redes sociales, pero hasta salió en el *SportsCenter* americano.

Me acuerdo que fue muy curioso que a la siguiente semana, cuando fue el Super Bowl, de repente Rob Gronkowski ya vendía en su página oficial playeras que decían "Yo soy fiesta". Desde entonces, siempre le decía de broma: "Brother, si no me vas a dar un porcentaje del *Yo soy fiesta*, por lo menos siempre me vas a dar una entrevista". Y la verdad es que conmigo siempre se ha portado de 10.

Recuerdo que años después, para el Super Bowl en Phoenix, en la última jugada se dio la intercepción de New England para ganar el Super Bowl a Seattle. Le dije al camarógrafo: "Vamos con Rob Gronkowski" y me dijo: "No, no va  a hablar" pero, nada más le gritaba: "Yo soy fiesta" y se paraba y me daba mi lugar y la entrevista.

Hicimos el último Monday Night con Tom Brady. Me tocó entrevistar a *Yo soy fiesta* y se puso a gritar.

Creo que hay atletas que les prendes la cámara de televisión y son otros, lo he dicho por ejemplo de Payton Manning. Luego apagas la cámara y son más falsos que un pancho dólar.

De Gronkowski creo que lo han querido seguir de cerca: que si va a la lucha libre, al desmadre y las novias. Pero él tiene una manera muy honesta de ser, él es quien es. Será un Salón de la Fama de primer voto el día que llegue esa propuesta de Cantón, Ohio, siempre le voy a agradecer sus atenciones, es un buen tipo y mis vivencias con él son de esas anécdotas que quedan marcadas. Hoy en día mucha gente identifica a Rob Gronkowski como "Yo soy fiesta" y todo comenzó en los vestidores de los Patriotas el día que él dijo por primera vez: "Hola, soy Roberto y yo soy fiesta".

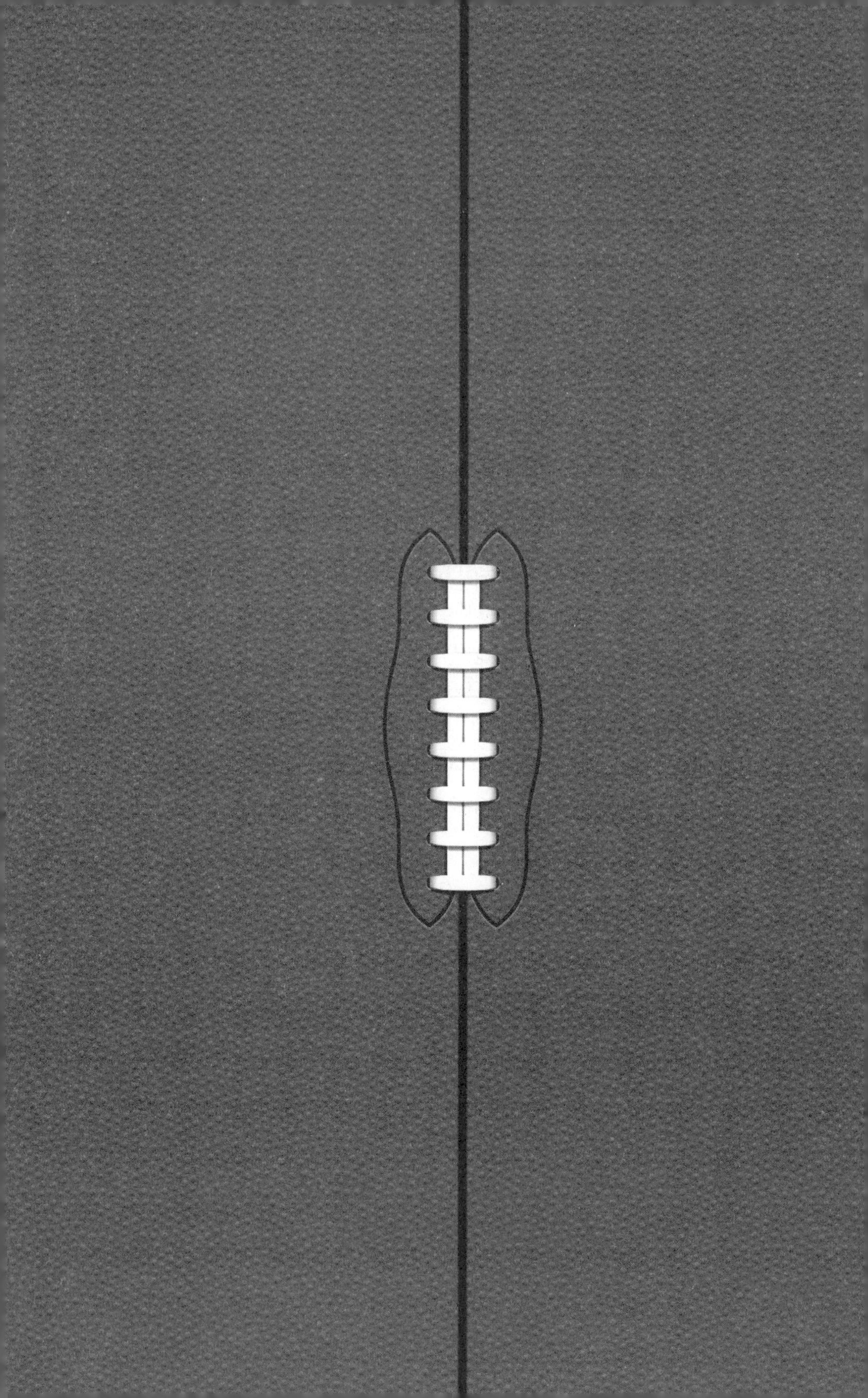

# 02

## No *means* no

No recuerdo exactamente desde cuándo empecé a ser reportero de cancha de la NFL, pero estoy seguro de que mi primer Super Bowl transmitiendo desde el terreno de juego fue el 26 de enero de 2003. Aquel juego en el Qualcomm Stadium de San Diego, en el que los Tampa Bay Buccaneers de Jon Gruden y Martín Gramática, derrotaron 48-21 a los Oakland Raiders.

Entonces, para el 2005 en el Estadio Azteca, cuando se realizó el partido entre los San Francisco 49's y los Arizona Cardinals, ya estaba reporteando para el *Sunday Night* de ESPN.

Desde entonces me fui dando cuenta que se va cumpliendo un proceso en el que se aprende cuál es la mecánica de trabajo, sobre todo en lo que toca a los jefes de prensa, en lo que se refiere a quién puedes entrevistar y a quién no. Es muy fácil: cuando al partido le quedan aproximadamente cinco minutos en el último cuarto, se acerca gente de prensa de los equipos, normalmente el encargado principal está en el palco, jóvenes asistentes de prensa, entonces los reporteros solicitan al jugador que desean entrevistar. Cuando no quieren que entrevistes al mismo que otros periodistas, que no quiere hacer dos entrevistas u otra situación, te notifican y te dan otro jugador; pero siempre hay que seguir el protocolo de avisar, no es como en otros deportes donde la dinámica es "en sus marcas, listos, fuera" y atrápate al que puedas.

Fue el lunes 27 de octubre de 2014 en el At&t Stadium, la casa de los Cowboys de Dallas, en el *Monday Night Football*. Los Washington Redskins derrotaban a los locales 20-17. Cuando el partido estaba por terminar, Lisa Salters, la reportera de cancha de ESPN doméstico le solicitó al asistente de prensa al quarterback Colt McCoy y yo hice lo mismo, pedí mis dos preguntas con el mariscal de campo de los Redskins.

Acabó el partido, ganaron los visitantes y me acerqué a entrevistar a Colt McCoy después de que había hecho las entrevistas para Estados Unidos, para ESPN en inglés, entonces me llevo una ingrata sorpresa cuando de repente llega un cuate y me empieza a empujar diciendo que no podía entrevistarlo, repetía constantemente: "No *means* no". Había varios testigos, esa vez mi exesposa Cristina me había acompañado, y tenía un par de amigos que estaban de asistentes en cancha viéndolo todo.

Yo me tranquilicé, no reaccioné mal, no entrevisté a Colt McCoy, pero sabía que había cumplido el protocolo adecuado. Cuando se meten al túnel los Redskins me acerco al encargado de prensa de los Redskins, Tony Wyllie, quien me había dicho que no y en el mismo túnel le pregunté: "¿Qué pasó? Si hice todo el protocolo". A los cinco minutos salió Colt McCoy. Ellos mismos se dieron cuenta de que la habían regado.

Poco después, cuando me subí al camión de *Monday Night Football* ya para irnos al hotel, un compañero, Matt Kwok de operaciones, me dijo: "Mira John, creo que se armó un tango porque mientras se despedía la transmisión de ESPN doméstico en inglés, en el llamado *roll out* se ve cuando este cuate te está empujando y te dice que no puedes hacer la entrevista". La gente de relaciones públicas de ESPN presente estaba muy presionada pensando en qué iba a pasar. Ya saben, a veces algunos reaccionan de más.

Yo, a consejo de Matt Kwow, puse un tweet que decía: "Gracias Colt McCoy por la entrevista" y ahí muere. Tampoco le di tanta importancia porque ya había hecho mi chamba y había seguido el protocolo que se requiere. Siempre he dicho, de una manera respetuosa, que en este trabajo hay que ser como el perrito que cuida su territorio: hay que estar pendiente de él y hasta marcarlo para que nadie se meta.

Volando a México al día siguiente, estaba en internet en el avión cuando descubrí que esto ya era viral. Algunos medios americanos entrevistaron a Tony Wyllie y él dijo que yo había cometido un error, que yo no había avisado y eso no era cierto. Llegando a México hablé con nuestro jefe principal, Rodolfo Martínez y le expliqué que yo no hice nada mal, que le hablen a Jerry Jones y chequen sus cámaras en el estadio para que vean que hice todo el protocolo.

Mi amigo Raúl Allegre, compañero entrañable, me defendió a muerte, conoce a Tony Wyllie y trató de hablar con él. La realidad es que este señor se llevó en los medios una fuerte crítica; agradezco a Keith Olbermann, quien en su momento me defendió durante cerca de 10 minutos al aire, en ESPN, le puso una tunda a Tony Wyllie.

Siempre se esperó una disculpa de su parte, nunca la recibí y, la verdad, no me importaba. Yo lo que quería era que la situación no afectara mi relación con otros equipos y, les voy a ser honesto, a la siguiente semana recuerdo que viajé a Newark y en el aeropuerto, el encargado de la aduana al ver mi pasaporte me dijo: "Usted es el de: No *means* no". Así que en muchas cosas me dio a conocer, me dio mucha publicidad, no de la buena, pero al menos muchos encargados de prensa que no ayudaban tanto, ahora se la piensan dos veces.

Me acuerdo cuando hablé con Jon Gruden, compañero en ESPN en esa época y hermano de Jay Gruden, head coach de los Redskins, me comentó que estaban muy conscientes de lo que pasó y muy apenados; imagínense la tunda que le pusieron a Tony Wyllie. Hoy en día se podría decir que hicimos las paces, hagan de cuenta que lo veo y me abraza, ya no hay ningún problema.

La realidad es que el "No *means* no" fue de él, y les voy a decir algo que nunca había dicho: él debería dar gracias porque en la cámara de ESPN deportes se ve cuando dicen "no español". Es un comentario muy fuerte, muy racista. Si eso lo hubiéramos puesto al aire, yo creo que a Tony Wyllie le andaba costando la chamba, pero bueno, creo que es parte del tema, lo dejo atrás, lo cuento como una anécdota del juego de los Cowboys y el famoso "No *means* no" ("No significa no"), cuando los Redskins no me dejaban entrevistar a Colt McCoy.

A final de cuentas entrevisté a Colt McCoy y ¿quieren que sea muy honesto?, ésto me ayudó como reportero a comprender que debía tener más respeto para los encargados de relaciones públicas. Y a ellos también les sirvió para saber cómo resolver este tipo de situaciones, porque creo que esto llegó a oídos del comisionado Roger Goodell y él respeta mi trabajo.

Ahí quedó todo, en una anécdota un tanto dura, un *Monday Night Football* en octubre del 2014 en Dallas, entrevistando a Colt McCoy.

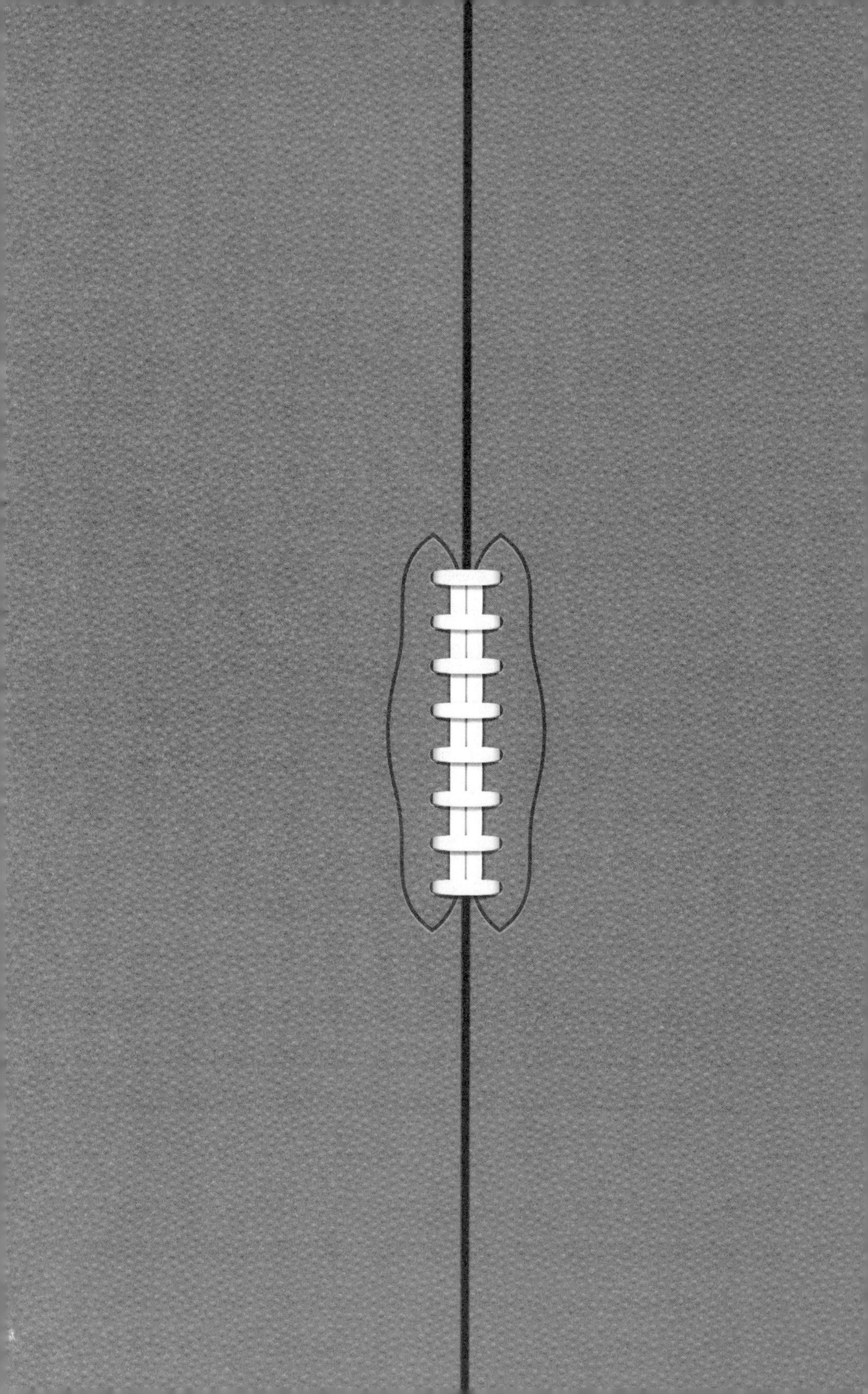

# 03

## Aaron Rodgers

Yo creo que si analizo mi carrera, puedo presumir lo afortunado que he sido por conocer todos los estadios de los equipos de la NFL, incluso los más nuevos: el SoFi Stadium de Los Ángeles Rams y el Allegiant Stadium de los Raiders en Las Vegas. Mi favorito es el de Seattle, me encanta el diseño; no sé cómo Paul Allen consiguió arquitectos que lograron que, aunque sea al aire libre, tenga una buena resonancia, y qué decir de la gente educada de Seattle.

Pero hay otros campos muy especiales que se pueden comparar con el viejo Yankee Stadium y el Lambeau Field de los Packers. Me acuerdo la primera vez que hice un partido ahí, renté un coche y manejé con un GPS como a cuatro kilómetros del hotel para echarme un cafecito, un expreso macchiato doble como me gusta en Starbucks.

Es una ciudad que vive para los Packers; por cierto, si llegan a ir algún día y tienen la oportunidad de quedarse, hay un hotel del dueño de *Kohler*, la marca de llaves para baño, está cruzando la calle del estadio, llegas caminando y tiene todas sus habitaciones temáticas con algún momento histórico de la gran pasión que se vive por los Packers.

Pero hablemos de la vida de Aaron Rodgers, siempre lo he respetado. Recuerdo en el Super Bowl XLV que le ganaron a Pittsburgh (31-25) en el Cowboys Stadium; vi que iba saliendo de un lugar a otro en la zona de entrevistas y de vestidores y me concedió un par de preguntas. Era la única vez que lo había entrevistado y gracias a un gran amigo, Andy North, dos veces campeón del US Open de Golf y que vive en Madison Wisconsin, y de quien siempre he pensado que más allá de tener una gran relación con Aaron Rodgers, es alguien a quien respetan mucho los deportistas profesionales.

Tiger Woods lo respeta, el que me digas respeta a Andy North, además de que he notado que tiene una relación muy paternal con Aaron Rodgers, o sea, la llevan muy bien. Tengo que ser muy honesto, el hecho de que he tenido la oportunidad de trabajar en eventos diferentes con Andy como en el Latinoamerican Amateur de Golf, que da el pase al Masters, o en el mismo torneo de Augusta National, a través de los años hemos llegado a una relación afectuosa. Y Andy, que vive cerca de Lambeau Field, con su esposa Susan, son mis asistentes, son mis jalacables: uno detiene la luz y otro ayuda a mi camarógrafo con el cable.

Una vez lo vio Aaron Rodgers y se atacó de la risa y desde ahí, Rodgers me ha tratado muy diferente, sabe el cariño que me tiene Andy y pues eso, la verdad, me ha dado la oportunidad de tener acceso a una de las figuras más mediáticas del deporte americano, no sólo de la NFL sino del deporte en general.

Recuerdo un *Monday Night* que hicimos en que la gente de prensa de los Packers me indicaba amablemente que Aaron no iba a querer hacer dos entrevistas acabando el partido. Yo les dije: "Me la juego, si no quiere me quedo sin entrevista", pero sí accedió. Es divertido porque, siendo de la parte noreste de California, habla algo de español y empezó a gritar: "Tequila", atacado de la risa. Hasta en ESPN Brasil me dijeron: "A poco Rodgers habla español", pues siempre se lo he agradecido, cuando tengo la oportunidad de entrevistarlo le regalo, como a otras celebridades, un muy buen tequila de Juan Dobel y él me hace el favor de cerrar la entrevista gritando el tradicional: *¡Monday Night Football!*

Fíjense que en el mundo de los autógrafos, yo no puedo pedir uno aunque hay excepciones a la regla; por ejemplo, cuando es por una causa de beneficencia o en momentos fuera de cancha. Así es que, para mi torneo de Golf, el John Sutcliffe Invitational presentado por Unifín que jugamos en el Club Bellavista, se me ocurrió pedir 50 mil pesos por un balón autografiado por Aaron Rodgers, para donar el dinero y apoyar a los jardineros del Club de Golf Chapultepec.

También en un torneo de la PGA Tour en Mayakoba, que patrocinó Unifín, pudimos recaudar 11 mil dólares por un balón autografiado por Aaron Rodgers, para un sobrino del golfista chileno Joaquín Niemman que necesitaba un medicamento que costaba como 2 millones de dólares.

Entonces, acabando un partido que me tocó cubrir de Green Bay, me acompañó Gunny, mi entrañable compañero en las transmisiones de *Monday Night Football* desde hace más de 15 años, ya no llevo la cuenta de los años que llevo haciendo el MNF, pero estoy muy agradecido. Bueno, Gunny me acompañó cargando los tres balones que teníamos con el logo de los Packers y su botella de buen tequila que hace Juan Dobel; entonces, Aaron pidió la ayuda de un utilero y se metió a un lugar privado y los firmó, se ve que nunca firma en público, porque nunca firma nada y fue así como, gracias a él, podemos ayudar.

A veces si no conoces a Aaron Rodgers puedes pensar que es sangrón, que sólo piensa en el equipo; pero a ver, si Mike McCarthy no está ahí y se fue a los Cowboys es porque no estaba haciendo su chamba y no estaba yendo a juntas y muchas cosas que en su momento se sabrán.

Les recomiendo mucho que vayan al Lambeau Field, pero no vayan al restaurante de Brett Favre, la comida es mala, sé que hay curling (deporte de invierno). Llevé a mi hijo Enrique a un *Monday Night* en Navidad, en el cierre de la temporada de 2019, fue un juegazo, Green Bay en Minnesota; nos acompañó de "chaperona" mi sobrina, hija de mi hermana Susie, Daniela Sánchez Sutcliffe porque yo necesitaba que alguien me ayudara a cuidar a Enrique. Nos la pasamos padrísimo, fuimos al Mall de Las Américas, si llegan a ir a Minnesota tienen que ir a *Manny's steakhouse*, se come impresionante, las papas hash son una locura y si piden un *bone in fillet (médium rear) no butter*, sin mantequilla, díganles a los de la cocina que les den unos chiles toreados de mi parte, se la van a pasar ¡enorme!

Bueno, en ese juego ESPN me dio unas acreditaciones pre y post, antes y después del partido y a Daniela mi sobrina le encantó Aaron Rodgers y me dijo: "Quiero conocerlo". Le dije: "Déjame ver, no es tan fácil", entonces les dije a Enrique y a Gunny, mi compañero de audio: "Mira, yo vi que los Packers entraron de su camión al vestidor caminando por la cancha. Vamos a pararnos aquí y a ver si pasan por aquí", y ahí nos quedamos. A mi hijo Enrique le firmaron como 20 de los jugadores de Green Bay, conmueve ver la cara de un niño de ocho años todo emocionado que le están firmando Blake Martínez, Za'Darius Smith, entre otros.

Luego salió Aaron Rodgers, se paró, se tomó una foto con Enrique y mi sobrina y le puso: "Enrique... Follow your dreams..." (Sigue tus sueños); mi hijo se convirtió en Green Bay Packers fan gracias a esa experiencia y gracias Aaron Rodgers. Por eso siempre te lo voy a agradecer Aaron, por tener ese detalle. Son cosas que impactan. Yo cuando a los 11 años conocí a Lee Treviño sentí que se me acababa el mundo y ahora mi hijo Enrique en el Play Station ni me deja jugar Madden, puedo escoger cualquier equipo menos los Packers de Aaron Rodgers.

Tipazo Aaron Rodgers, uno de los mejores quarterbacks, ojalá consiga un segundo anillo, creo que tienen equipo para hacerlo ahora sí. Vayan al Lambeau Field, si son Packers fans es algo muy especial, hay que recordar que el pueblo es dueño, tú puedes comprar acciones y sentirte dueño de los Green Bay Packers, pero gracias de nuevo, Aaron Rodgers, eres un tipazo.

# 04

## Odell Beckham Jr.

En los últimos años, uno de los jugadores más talentosos en la posición de receptor abierto en la NFL, a la vez uno de los más controversiales y mediáticos, es Odell Beckham Jr. Jugador que llegó a la NFL a los New York Gigants.

Recuerdo que un año hicimos uno de estos duelos de habilidades en un Probowl en Orlando, Florida. Consistía en que desde un dron lanzaban el balón y había que atraparlo con una mano: el único que lo podía hacer era Odell Beckham Jr.

Tuvo algunos problemas de disciplina, creo que jugar en New York, en algún momento le afectó, a final de cuentas fue cambiado a Cleveland y justo en la temporada 2020-2021, cuando eran las fiestas patrias mexicanas, me tocó un *Monday Night*: los Cleveland Browns jugaban en New York en el estadio Metlife.

El partido fue un lunes 17 de septiembre, así que el domingo 16 fui a la junta de producción de los Browns en el hotel donde se quedaba el equipo, en un salón rentado por ESPN, allí fueron pasando el head coach y los jugadores. En su momento lo hizo OBJ, yo tenía una de esas banderitas mexicanas que venden en la calle como de pin con luces y se la puse a Odell Beckham Jr. Le dije que estábamos festejando las fiestas patrias mexicanas, se la puso con mucho gusto.

Al día siguiente, en el *Monday Night* ganaron los Cafés de Cleveland y pedí entrevistar a Odell. Casi siempre le digo al jugador: "Oye, vas a escuchar un poco de español, no te preocupes, yo traduzco", para que no se saquen de onda. No se lo dije a Odell porque como el día anterior estábamos hablando de las Fiestas Patrias Mexicanas, equivocadamente pensé que entendería que la entrevista empezaría en español.

Justo de inició le pregunté: "¿Qué significa venir a este estadio y sacar la victoria?" Odell me miró sumamente sorprendido con una auténtica cara de *What?* Aunque reaccionó de inmediato diciendo "ya entendí lo que me dijiste", su expresión de asombro se volvió viral; de repente entro a todos lados y veo la cara de Odell Beckham Jr. Hasta salió en el *SportsCenter* americano.

Me acuerdo que en esa ocasión me quedé un día más en Nueva Jersey, porque iba a cantar ahí Madonna en un teatro muy especial y el furor en las redes sociales no bajaba. Desde ese partido me hice muy cuate de Odell, siempre que lo veo lo saludo y le doy un abrazo. Lo volví a ver esa temporada en un *Monday Night* Cleveland en San Francisco, en el Estadio Levis. Le regale ahí su pomito de Dobel. Me dijo: "Mira, ahí está mi hermano, pásale la botella y muchas gracias, a ver cuándo la puedo disfrutar".

Lo saludo constantemente ahora con los Rams. Me tocó verlo en un juego cuando regresó a Los Ángeles en el Sofi Stadium y en el mismo Super Bowl que ganaron los Rams contra los Bengalíes de Cincinnati. Es realmente muy amable, lástima que se lesionó y no jugó la segunda mitad, pero cumplió el sueño.

Es muy mediático, muy talentoso, muy controversial. Fue una de esas anécdotas de la vida, cuando se me olvidó decirle que le iba a hablar un poco en español, que siempre recordaré, pues di por entendido que lo había captado el día anterior, pero puso cara de *What?* y fue fabuloso, porque cuando algo se vuelve viral sin que insultes a nadie, sin que nadie se burle de ti, sin que cometas un error y puedan verlo millones de personas, te da mucha presencia en los medios, en este caso sólo porque puso cara de sorprendido Odell Beckham Jr., ese excelente jugador, mejor conocido como O... B... J.

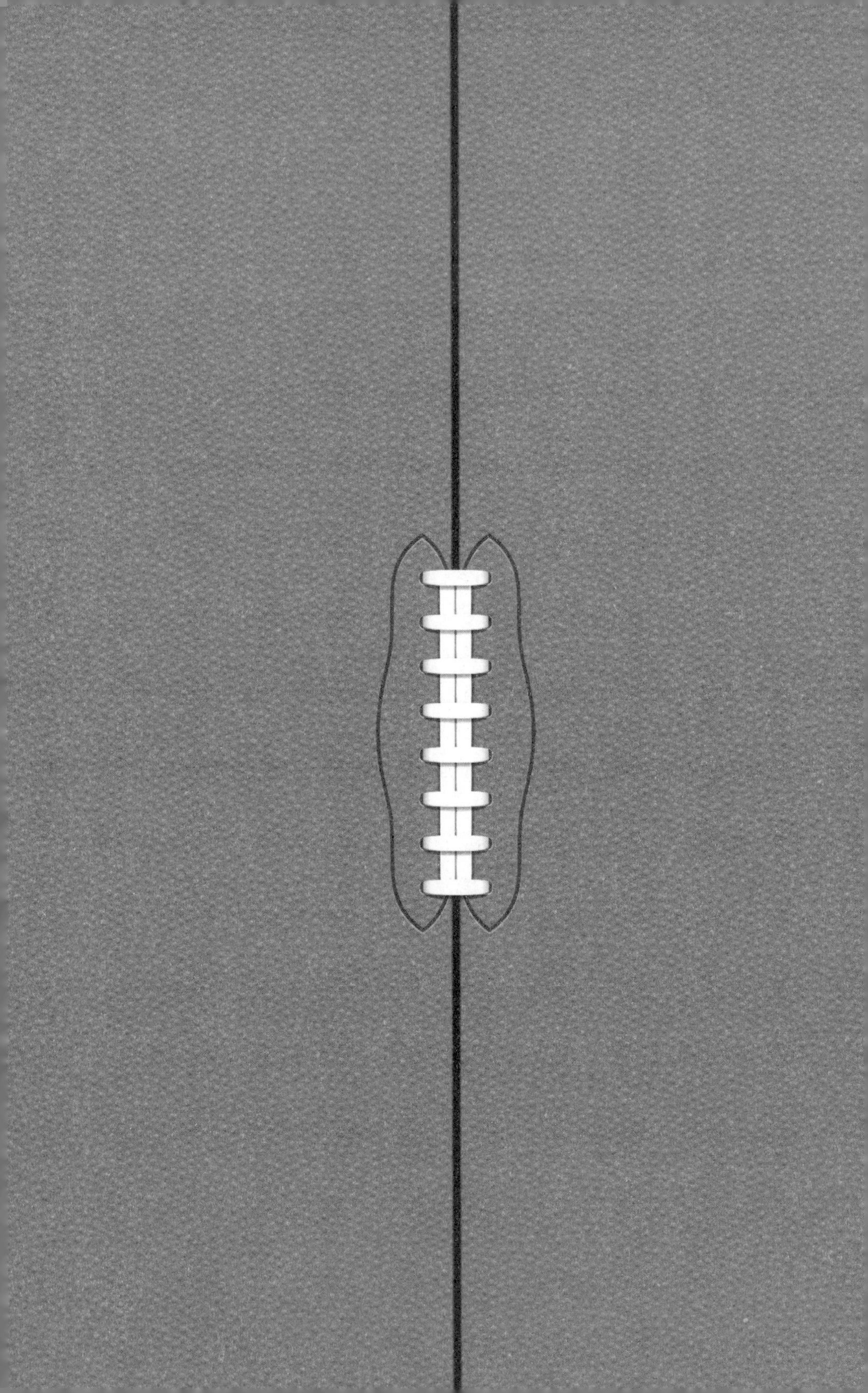

# 05

## Najee Harris

Dicen que la suerte se busca, que para que llegue hay que encontrarla. Estos años que he hecho Monday Night Football de reportero de cancha, me he divertido mucho, he tenido varias anécdotas simpáticas. Una de ellas fue la que me pasó en la temporada 2021, un 8 de noviembre en la "Casa del Cátsup", como me gusta decirle al Heinz Field.

Los Pittsburgh Steelers en MNF recibiendo a los Chicago Bears. Siempre tuve la intención de entrevistar a Ben Roethlisberger; de hecho, hubo una época en que Big Ben me daba entrevistas, pero luego ya no. Ya se nos retiró, pero es justo decir que era complicado, no era una persona fácil, a veces hasta le provocaba presión al equipo de prensa de los Steelers que siempre me ha tratado bien.

A través de los años aprendí que para llevar la fiesta tranquila, está más fácil decir: "No me quieres dar a tal, pues entonces dame a quien quieras, no hay ningún problema". En esa ocasión, me dijeron: "Entrevistas a Najee Harris".

Harris, como novato, tuvo una gran campaña llegando de la Universidad de Alabama. Corrió para mil 200 yardas, era ese corredor que necesitaba Pittsburgh, porque desde que se fue Le'Veon Bell no tenían a alguien de esa calidad.

Justo me tocó entrevistar a Harris en la época de la pandemia, cuando estrictamente había que guardar la distancia y hacer grandes arreglos para usar el micrófono. Muchas veces las entrevistas durante esa temporada las hacía con la cámara de ESPN en inglés de Lisa Saulters o, a veces, con mi propia cámara.

Ese día Najee Harris llegó muy simpático, me quitó el micrófono, quería comunicarse en español, sabía que hay muchos aficionados latinos mexicanos de los Steelers, de repente dijo: "Hey, el mundo, el mundo, El Chapo". Todo mundo brincó, ¡¿Cómo dijo eso?! Pues es hasta cierto punto lógico, series como la de *Narcos* en Netflix, a veces tristemente es lo único que conocen de México.

Ahora sí que traté de capotearlo, de irlo jalando poco a poco para que hablara del partido, pero luego empezó a hablar de música y le pregunté si había escuchado "La Cucaracha" y dijo que no, pero tomó el micrófono de nuevo y muy emocionado empezó a cantar y bailar "El tao" y hasta me hizo seguirle un poco el ritmo. Tengo que ser honesto, ni siquiera conocía esa canción de "El tao" hasta que me puso a bailar. Ya después investigué que es una canción de finales de los noventa de un grupo de Tamaulipas llamado Control.

Vaya que fue una entrevista muy mediática, muy divertida la de Najee Harris; es una de esas anécdotas que les quería contar. Hoy en día la sociedad ha cambiado mucho y de repente cuidado vayas a hacer algo que haga que los latinos se sientan insultados. O no vayas a maltratar a los jugadores afroamericanos, como no hablan español, los puedes poner en una mala situación.

La entrevista tuvo como tres millones de vistas, mi compañero Adam Schefter la retwitteó en su cuenta de casi 10 millones de seguidores y eso la volvió viral. Hubo quien se sintió ofendido, pero fue el mínimo, creo que esas cosas las agradezco, valoro que un jugador que sabe que no habla español se quiera comunicar a través de bailar o ser simpático.

Luego, Najee Harris tuvo una gran temporada de novato, suficiente para ser electo a participar en el Probowl que se jugó esa temporada en Las Vegas, Nevada. Sin duda, un bonito recuerdo de una anécdota muy divertida en *Monday Night Football* con Najee Harris de los Pittsburgh Steelers.

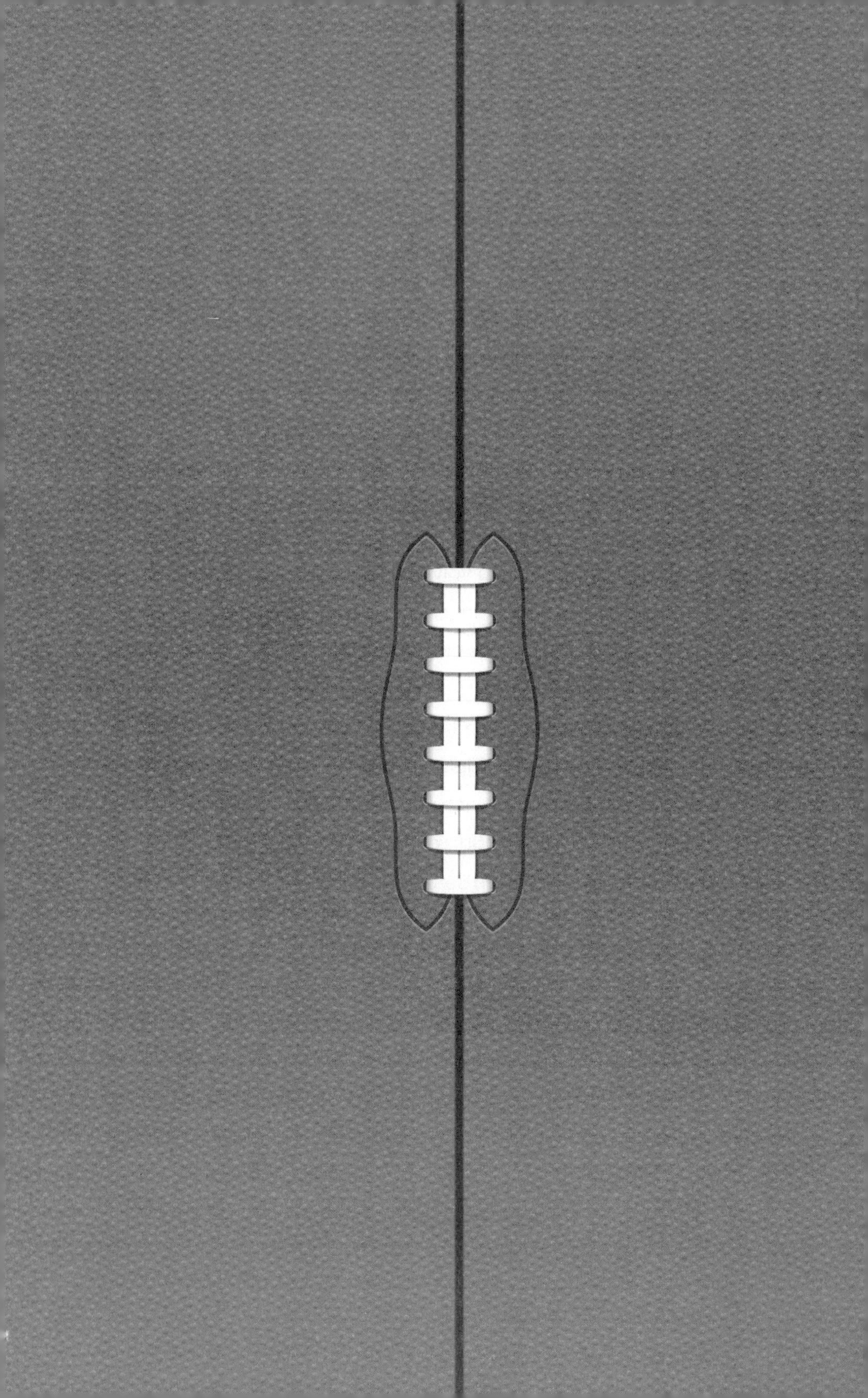

# 06

# Cubriendo a Tom Brady

A través de los años he tenido la oportunidad de seguir al más grande, a Tom Brady. Me viene a la mente aquel Super Bowl XXXVI en Nueva Orleans, en el 2002, con toda la polémica durante la semana: era Drew Bledsoe o Tom Brady. Bill Belichick no había decidido. A final de cuentas fue Brady el que abrió ese Super Bowl y acabó ganando el que fue el primero de siete campeonatos: en cinco de ellos fue el MVP.

Fue tres veces el MVP de la Liga, seis veces All Pro, seleccionado para 15 Probowls, pero sobre todo es ejemplo de un líder que se lleva bien con sus compañeros, los guía, es un ganador, sabe tratar bien a la gente.

No era fácil entrevistar a Brady, pocas veces lo pude hacer; tenía muy limitado el acceso a él, no daba más de una entrevista después del *Monday Night*, tal es que nunca me tocó entrevistarlo en un MNF. Las oportunidades que tuve fueron en un Super Bowl, cuando se anunció el partido de Patriotas contra Raiders en el Estadio Azteca, ahí se paró y habló. Más adelante, en otro Super Bowl pude platicar con él.

Dice que de las cosas que más lo impactaron en su carrera fue cuando terminó el partido en el Estadio Azteca, salió a dar unos comentarios y vio muchas cámaras, muchos mexicanos viéndolo. Dice que es una de las imágenes que nunca olvidará.

Michael Jordan no pudo, Jordan se fue de los Bulls y no ganó nada. Brady se fue de New England a Tampa y fue campeón.

Qué podemos decir de este señor, es el ejemplo de lo que se logra con una buena alimentación, una buena estructura, buena educación; creo que sus papás lo criaron muy bien. Siempre destacó por las ganas de demostrar a él mismo lo que podía lograr cuando nadie creía en él, porque en Michigan no era titular y lo hizo; fue sexta ronda con New England, no era titular y quitó a Bledsoe.

Creo que se cansó. Recuerdo que hace unos años me decía la gente de los Patriots lo pesado que era toda la rutina de las juntas de producción, los entrenamientos, el vivir metido en eso, con todo el tiempo que se invierte. Quizá pensó que sus hijos crecieron y sintió que el tiempo con ellos se fue.

Ojalá la Liga le ponga algún trofeo con su nombre. Recuerdo que en el último Super Bowl que ganó con New England le pregunté: "¿Cómo vas a celebrar?" y me contestó: "Como dice Gronk. Yo soy fiesta".

Se fue el más grande, pero se fue por poco tiempo. Uno de los grandes en la historia del deporte profesional en los

Estados Unidos junto a Jordan, Kobe, Lebron, Phelps y Tiger. A mí me dio la impresión de que después de estar un par de meses con su familia, jugando golf que no es lo suyo, picándose los ojos, tal vez la misma familia le dijo: "Jefe, regrésate un año más". Un año más con los Bucaneros de Tampa Bay. Entonces, cuando estén leyendo mi libro, en teoría, Tom Brady estará todavía en 2022 buscando un trofeo Vince Lombardi más en su carrera. ¿Por qué no pensar en ocho?

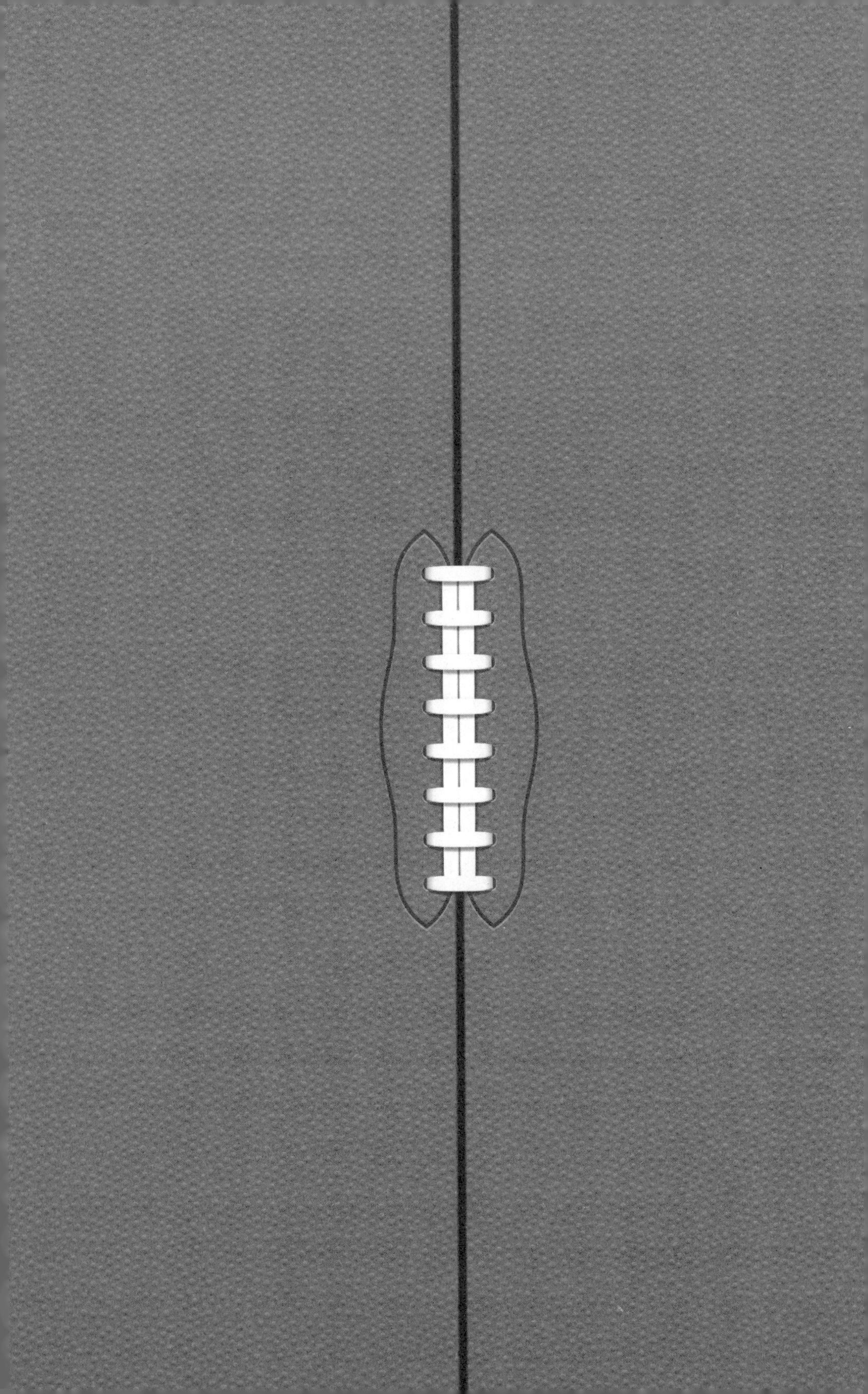

07

# La rutina del *Monday Night Football*

De verdad pienso que, en lo que es la logística, la operación, el llevar a cabo un partido de *Monday Night Football* (MNF), el equipo de producción de ESPN puede competir con el de cualquier otro gran evento, hasta con la FIFA en la final de un Mundial, o con cualquier televisora que transmita un súper evento deportivo.

Obviamente tengo tatuado ESPN en la frente, pero es un hecho que el equipo de producción es de lo mejor y lo he comprobado en todas y cada de las oportunidades que he tenido que hacer el *Monday Night*. Me remonto a la época cuando hacíamos el *Sunday Night* antes de tener el *Lunes por la Noche*. Mi inicio en los partidos nocturnos fue en el 2005, recuerdo el partido en el estadio Azteca entre Arizona y San Francisco, fue el primero de temporada regular fuera de territorio estadounidense y canadiense.

Este partido de *Lunes por la Noche* es toda una tradición, fue una iniciativa del entonces comisionado Pete Rozell, quien tuvo la idea de pasar un juego nocturno y entre semana; el primero fue el 21 de septiembre de 1970, transmitido por la cadena ABC. Fue para la temporada 2006 que la NFL concedió los derechos a ESPN. Es un hecho que, después de tantos años, he aprendido cómo se lleva a cabo la logística para un partido de esta magnitud.

Las veces que he tenido la oportunidad de formar parte de la transmisión en inglés, por ejemplo, aunque el partido se lleva a cabo el lunes, viajas a la ciudad sede el viernes, porque el sábado al mediodía vas al entrenamiento del equipo local, te dejan ver la última práctica y muchas veces hasta puedes ver las primeras veinte jugadas que van a usar en el partido.

Obviamente hay un respeto a lo que se ve y muchas veces no se informa hasta una hora antes del juego. Con la pandemia ha cambiado un poco la dinámica, hay más entrevistas a través de la plataforma Zoom; pero la esencia de cómo se debe hacer un *Monday Night* más o menos se ha mantenido. Imagínense el sábado previo, en un salón de conferencias con la opción de escoger: "Quiero al head coach, quiero al quarterback, al corredor estelar, al defensivo y a un par de coordinadores". Entran uno por uno, 10 o 15 minutos y platicas con ellos, les preguntas lo que quieras, no se graba nada. Aunque hoy en día, a veces se graba; se les dice que se va a grabar porque hay unas apps que pueden transcribir todo lo que se dice, pero siempre hay un respeto a no publicar nada. Por ejemplo, muchas veces te pueden decir: "Oye, mi receptor sí va a jugar, pero no lo quiero informar hasta una hora antes del partido", y así se hace. Ahí te puedes dar cuenta de muchas cosas que van a ocurrir durante el juego.

Es muy importante considerar que ESPN paga por los derechos de transmisión, al año, alrededor de dos billones de dólares, siendo más o menos 200 millones por cada *Monday Night*. Calculo que la producción debe salir como en millón y medio de dólares. ¡¡¡Vaya que si la NFL es un negocio millonario!!!

Entonces, el sábado estás con el equipo local y vas al entrenamiento. Para el domingo, nos ponen en un cuarto del hotel como 10 televisiones para ver todos los juegos; es como si fuera tu sports bar privado. Esta última temporada he estado narrando desde la computadora del cuarto, todos los fines de semana, un juego para Centroamérica; conmigo se conectan Fer Tirado y Miguel Pasquel, desde sus respectivas casas; hacemos un WhatsApp video para tener un poco de contacto visual.

Por la tarde del domingo llega el equipo visitante; insisto, esto era antes de la pandemia, porque ahora han cambiado un poco y es vía Zoom, pero la idea es que ESPN renta un cuarto de hotel el domingo donde se queda el equipo visitante. Cuando aterrizan en su chárter te avisan, para que la producción esté preparada para recibirlos y se vuelve a dar el encuentro entre el head coach, el quarterback, los jugadores y los coordinadores que pida la producción de ESPN. Imagínate toda la información que tiene uno para transmitir y dar a conocer al público a la hora del partido.

Siempre he dicho que ojalá se pudiera dar esto en otros deportes aunque, por ejemplo, la MLS lo hace. He transmitido en inglés el futbol de Estados Unidos para ESPN y hacen algo parecido; quizá no es tan grande la sala de producción y no con tantos integrantes, pero es algo similar.

Mi rutina es: normalmente veo el *Sunday Night*, acabando el partido me duermo. El lunes por la mañana, como a las 10 u 11, hay una junta de producción que por muchos años se hacía presencial en un salón, estos últimos años ha sido a través de Zoom. Ahí es donde se habla de todo, se ponen todas las gráficas, el teasser, la entrada de la transmisión, tópicos que se van a hablar y los comentaristas dan su punto de vista sobre el partido que vamos a tener. A través de los juegos he tenido compañeros como Mike Tirico, Sean McDonough, Jason Wittem, Steve Levy, Louis Riddick y Brian Griese, cada uno dando su perspectiva del juego; pero hubo un compañero muy especial. Tuve la fortuna de trabajar nueve años con Chucky Jon Gruden, campeón de un Super Bowl con los Tampa Bay Bucaneers y dos veces entrenador de los Raiders. Nunca estuve con alguien a quien le hubiera aprendido más de futbol americano y de la NFL, era impresionante cómo podía anticipar lo que veríamos en el partido. Hoy en día lo sigo considerando un gran amigo.

Esta es mi rutina el día de partido: llegó al estadio como a las 2 de la tarde para hacer los reportes de *SportsCenter*, *ESPN Radio Fórmula*, *NFL Live* y cualquier otro programa que lo pida. Imagínense que la producción es como un circo, son como ocho camiones que cada lunes están en una ciudad diferente. Somos alrededor de 200 personas involucradas cada semana; mi camarógrafo a nivel de cancha, Jonathan Pilgram, es también el chofer de uno de los camiones.

Una vez que inicia el partido, mi función como reportero de cancha es tratar de describir e informar, lo que solamente puedo ver a nivel del terreno de juego; no me gusta llenar al auditorio con estadísticas, la chamba de un reportero de cancha es eso, informar lo que está pasando en el terreno de juego.

Al medio tiempo, por lo general, te acercas con un entrenador para hacerle un par de preguntas sin micrófono, simplemente escribes lo que te dice y, regresando del descanso, haces lo mismo con el otro head coach; en algunas ocasiones, es oro molido la información que logras obtener. Para la recta final del juego, normalmente faltando como cinco minutos en el reloj, mucho depende de cómo vaya el marcador, es cuando se le solicita a la gente de prensa a quién te gustaría entrevistar postpartido. En  ocasiones, entrevisto al mismo jugador que habla para ESPN en inglés, con mi compañera Lisa Salters o a veces me dan a otro jugador. Durante la pandemia fue un gran reto, ya que había que tener mucho cuidado con la distancia que había que tener con el entrevistado.

En algunos años, ESPN contrató un camión, como los que utilizan los grupos musicales, en el que acabando el juego nos subíamos gran parte del equipo de producción para ir a nuestro hotel y, en muchas ocasiones, íbamos escoltados por policías en motocicleta. Esas eran buenas épocas: cómo se disfrutaba un buen tequila Dobel tras una larga jornada de trabajo.

Por último, les diré que mi grito de *Monday Night Football*, nunca lo planeé, se dio de manera natural y nada me da más gusto ahora que cuando los aficionados me ven en un estadio lo primero que me dicen o gritan es "¡Monday Night Foolball!" No dejo de prepararme como si cada lunes fuera mi primer *Monday Night*. Muchas gracias, Disney ESPN, por cumplirle un deseo a un niño que, desde los 10 años veía cada *Lunes por la Noche* y ahora lo vive cada semana como una rutina de trabajo.

¡Los amigos
son los amigos!

Con Luis Rivas en el histórico séptimo
juego, en el Dodger Stadium.

Abraham Ancer,
un mexicano ejemplar.

El Canelo disfruta
su otra pasión, el golf.

El día que Jon Rahm ganó
el US Open en Torrey Pines.

La sencillez de
Rory McIlroy.

En entrevista con Phil Mickelson, tras coronarse en el WGC 2018 en el Club Chapultepec.

Sergio García el día que ganó su saco verde.

Masters 2022, con el nuevo equipo ESPN: Hernán Rey, Valeria Quesada y Matías Anselmo.

Con El Tigre en mi segunda casa, el Club Chapultepec.

Aaron Rodgers, el más reciente doble ganador consecutivo del MVP de la temporada (2020 y 2021), un privilegio contar con su amistad.

Tom Brady, simplemente el mejor de todos los tiempos en la NFL.

Ben Roethlisberger, en la cobertura de los Pittsburgh Steelers en el Superbowl XLV.

Derrick Henry, pocos corredores como él.

Dak Prescott, el quarterback del equipo de la Estrella Solitaria.

Drew Brees, pocas superestrellas tan sencillas como él.

Kirk Cousins, en entrevista del MNF.

Lamar Jackson, el talento excepcional del mariscal de campo de los Ravens.

Matthew Stafford, el QB campeón del Superbowl LVI.

En el Azteca con Patrick Mahomes.

Pocos con el talento de Randy Moss, uno de los más grandes.

"Yo soy fiesta", mi carnal Rob Gronkowski.

Ron Rivera, pone en alto la sangre latina en la NFL.

OOO… BBB… JJJ.

Diversión en grande con Najee Harris.

Jon Gruden, lo quiero
como hermano.

Disfraces de Halloween en el Soldier
Field y en la casa de los Bills.

En entrevista con el Comisionado de la NFL, Roger Goodell.

Gran momento con Robert Kraft, con guacamole, buena música y un Tequila Dobel.

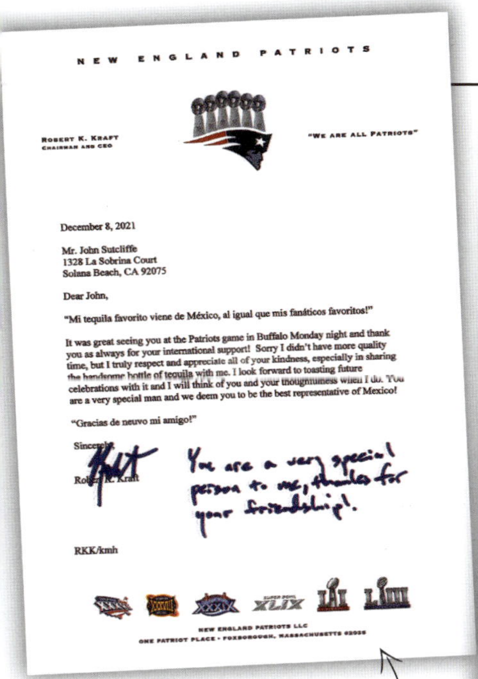

NEW ENGLAND PATRIOTS

ROBERT K. KRAFT
CHAIRMAN AND CEO

"WE ARE ALL PATRIOTS"

December 8, 2021

Mr. John Sutcliffe
1328 La Sobrina Court
Solana Beach, CA 92075

Dear John,

"Mi tequila favorito viene de México, al igual que mis fanáticos favoritos!"

It was great seeing you at the Patriots game in Buffalo Monday night and thank you as always for your international support! Sorry I didn't have more quality time, but I truly respect and appreciate all of your kindness, especially in sharing the handsome bottle of tequila with me. I look forward to toasting future celebrations with it and I will think of you and your thoughtfulness when I do. You are a very special man and we deem you to be the best representative of Mexico!

"Gracias de neuvo mi amigo!"

Sincerely,

Robert K. Kraft

You are a very special person to me, thanks for your friendship!.

RKK/kmh

NEW ENGLAND PATRIOTS LLC
ONE PATRIOT PLACE • FOXBOROUGH, MASSACHUSETTS 02035

Una carta de Robert Kraft, de los buenos amigos que he hecho en la cancha.

Con Lewis Hamilton en el State Farm Arena.

Con el "Piojo" Herrera, pocos como Miguel.

El centro de espionaje de Juan Carlos Osorio en la casa de la familia Macmanus.

En entrevista
con "Chicharito"
en Brasil y Holanda.

Keylor Navas, porterazo tico.

Nico Castillo,
gran futbolista,
golfista y amigo.

En entrevista con Dustin
Johnson, ganador del
WGC 2019, invitados
Agustín Marchesín y
Nicolás Castillo.

Mi muy querida Rusia.

Rafa Márquez en entrevista, previo al Mundial de Rusia 2018.

Postales con Jared Borgetti… Un FIFA Legend.

Más recuerdos
con el gran Jared.

# FUTBOL . . .

# 04.

# 01

## Iván Alonso

El tema del jugador uruguayo Iván Alonso es uno de esos reportajes que me marcaron, que fueron diferentes. Creo que de alguna manera, tuvo un toque muy humano.

Vamos al verano del 2012, cuando a Iván Alonso le detectan un problema en el corazón, jugaba para el Deportivo Toluca. Él, jugando en España con el Espanyol de Barcelona, en la pretemporada 2009, sufrió la muerte de su compañero de cuarto Dani Jarque, quien falleció a causa de un infarto fulminante a los 26 años de edad. Iván, de alguna manera, quedó marcado para siempre.

Tenía problemas de ritmo, no voy a precisar en temas médicos, pero había suficientes síntomas para dejar de jugar. Una vez comenté en *Futbol Picante* que lo importante era preservar su salud, que debía pensar en sí mismo y lo que pudieran decir sobre si quería jugar o no, era lo de menos, lo importante era la salud. De ahí me contactó su papá, me dijo que le había gustado a Iván lo que había dicho y quería darme una entrevista.

Fui a Metepec donde entrena el Toluca, ahí estaba el profe Enrique Meza, quien siempre ha destacado por ser muy amable, muy gentil al hablarte, aunque creo que hubo otro profe Meza detrás de cámara. Me llamó y me dijo: "Le tengo un libro que le quiero regalar". Me llevó a un lugar donde no había nadie y me dijo: "Oiga, no crea esto, este jugador se quiere ir a China, no tiene que ver nada lo de la salud". Le contesté: "Mi profe, yo quiero averiguar, quiero saber qué está pasando".

Me dio una serie de entrevistas Iván Alonso. Sé que después fue a Cleveland Clinic en Estados Unidos a revisarse, estaba muy preocupado. Un día no lo dejaron llegar a entrenar al Toluca, así empezó toda la polémica de por qué no lo dejaban, ¿qué estaba pasando con la directiva? Incluso había rumores de que Iván sabía cómo se manejaba la directiva en movimientos de jugadores y eso no les gustaba, pues le podía llegar a don Valentín Diez.

Finalmente, salió del Toluca y se fue a jugar al Nacional de Uruguay. Allá volé. Viajé a Montevideo, lo fui a entrevistar. Precioso lugar la capital charrúa, qué bien se come. Iván Alonso se portó con gran clase, me llevó al estadio Centenario, el de la final de la primera Copa del Mundo entre Uruguay y Brasil.

Hicimos la entrevista a la mitad de la cancha y creo que algo que impactó fue cuando él dijo en la entrevista que el doctor Serrano, médico de toda la vida del Toluca y de la Selección Mexicana, le había pedido tomar betabloqueadores, que sirven para bajar el ritmo cardíaco, lo conozco porque sé que se usan en el golf. De ahí se armó toda una polémica.

Esa entrevista duró más de 20 minutos y salió completa al aire en *Futbol Picante*. Además, fui a Uruguay un par de días y aproveché que ahí estaba Vicente Sánchez, el que fuera figura del Toluca, que jugara en Alemania y en el América. También lo entrevisté y me dijo que apoyaba a Iván Alonso, que era injusto lo que le hicieron.

Se armó un desmadre y, desde ahí, en la lista de los que no me hablan, está el doctor de la Selección Mexicana; pero bueno, yo no dije que le dio betabloqueadores a un jugador, lo dijo Iván Alonso.

Me llevo muy bien con la directiva del Toluca. Creo que con el tiempo se limaron asperezas. Hubo demandas ante FIFA y después de todo esto, Iván Alonso pudo estrechar la mano de la directiva del Toluca y aclarar las cosas con todos. Tan es así que Iván vivió una época de directivo en Uruguay y ahora regresó al futbol mexicano en el Pachuca como director deportivo.

Eso de que se quiso ir por dinero a China, es puro cuento, pues cuando dejó el Toluca y se fue a jugar a Uruguay, ganaba sólo el 15 por ciento del sueldo que tenía en el futbol mexicano.

Son de esas historias humanas en que siento que puse mi granito de arena, y si tiene consecuencias o no, me vale gorro, lo importante es hacer tu chamba y, por cierto, tienen que ir a Montevideo porque qué bien se come ahí en un mercado que hay de carnes, ¡muy bonito lugar la capital uruguaya!

Siempre he tenido una respetuosa amistad con Iván Alonso por esa época que vivimos, lo que es un hecho es que él tenía un problema en el corazón, le preocupó, tomó los medicamentos y pudo regresar al futbol. Toluca siempre pensó que no era por ahí el camino, cuando vino al futbol mexicano en un abrir y cerrar de ojos fue campeón de goleo dos veces.

# 02

# La Copa del Mundo 2014 en Brasil

Al recordar lo que fue la Copa del Mundo del 2014 en Brasil, tengo que ser muy honesto: si hay un país al que no me gustaría regresar jamás si no tengo que hacerlo por trabajo, es a Brasil.

Definitivamente, no fue lo que esperaba y realmente muchas cosas no me latieron. Creo que es un país muy inseguro, muy caro, muy complicado en el tema de la seguridad y la logística.

Recuerdo que, previo a que comenzara la Copa del Mundo, nos mandaron –con mi productor Octavio Gallegos– a entrevistar a Edson Arantes do Nascimento, "El Rey Pelé", en Sao Paulo, Brasil, en el edificio del Banco Santander, uno de sus patrocinadores.

Esa era la última Copa del Mundo de la que ESPN tenía los derechos para transmitir en inglés a Estados Unidos, esto implicaba también más logística, más retos que ya les estaré platicando, pero hasta teníamos seguridad, traíamos un guardaespaldas.

Nos movíamos en una camioneta en la que nos acompañaba un chofer y un guardaespaldas y fue así que nos dirigimos a entrevistar a Pelé, lo cual por sí solo fue una gran experiencia, pues es un personaje al que le pagan y habla. Tiene a todos los patrocinadores, tiene un carisma muy especial y habla en inglés, en español, obviamente en portugués.

Recuerdo que nuestro jefe de seguridad se tomó una foto con él y resulta que... ¡estaba armado! ¡traía su "fusca"! ¡su pistola! Nadie checó los rayos X en el edificio de Santander y son esas cosas de las que te ríes, pero en el fondo implican muchas situaciones que reflejan los problemas de seguridad.

Otra anécdota previa al inicio de la competencia fue el sorteo para definir los grupos de la fase final. Viajando con Ciro Procuna, fuimos a la región turística Costa do Sauípe, Mata de São João, Región Metropolitana de Salvador; algo así como el Oaxtepec en México, pero muy abandonado. Se veía como si hubieran hecho un complejo turístico que nunca terminaron. Recuerdo que me advirtieron: "No salgas de aquí, no puedes ir ni a cenar fuera del hotel por lo inseguro que es". Ciro se tuvo que quedar un día más y creo que hasta les tocó pagar... ¡hasta el agua! Me parece que la habían traído en pipas para abastecer el hotel y había que pagarla también. Era el gran sorteo del Mundial y sin duda pensabas: "¿Qué es esto?"

Ya en la actividad de la Copa del Mundo, previo al debut de México ante Camerún, el 13 de junio en el Estadio Dunas, en la ciudad de Natal, me reuní para cenar con mis grandes amigos Ciro Procuna y Heriberto Murrieta, compañeros de ESPN. Ellos me platicaron que habían estado caminando por la playa de su hotel ese día o el día anterior, y les había tocado encontrarse con unos mexicanos que gritaban pidiendo ayuda porque acababan de acuchillar a uno de ellos. ¡Acababan de acuchillar a un mexicano ahí en la playa!

Recuerdo también que me tocó ir al partido de cuartos de final entre Brasil y Colombia, el 4 de julio en el Estadio Castelão, en la ciudad de Fortaleza, en el encuentro en que se lesionó Neymar. ESPN Estados Unidos me pidió que hiciéramos un enlace en vivo; era casi medianoche, las 11:30 y nuestro jefe de seguridad me decía: "John, ya se empiezan a oír las motos y es cuando salen los ladrones aquí en la noche y son muy sádicos".

Le dije a "Tavo" Gallegos, nuestro productor: "Mira Tavo, escucha el ruido de las motos, yo creo que nada más grabamos y nos vamos". Y así fue. Recuerdo que en todo el asunto de la producción, la transmisión del satélite y toda la logística estábamos con compañeros de Argentina y lo que más me urgía era que saliéramos de ahí.

Por si fuera poco todo era carísimo. Una vez pedí un expreso que me costó siete dólares. También, una vez en Río de Janeiro, donde nos tocó estar en Copa Confederaciones y en el Mundial, fui a cenar con mi camarógrafo, Luis Saavedra, y le advertí: "Ojo mi Güicho, aquí si pides un pollo con pasta mínimo te gastas 50 dólares", y me contestó incrédulo: "¿Cómo crees?" ¡Sí! ¡Un pollo con pasta 50 dólares!

Definitivamente, no ha sido mi mejor experiencia. Claro que hay mujeres bellísimas, muy buena onda, música, ambiente. Ni hablar, Río de Janeiro es maravilloso, pero vas al interior de Brasil y te quieres "dar un tiro".

Esa fue la parte extracancha. Ahora vamos a lo bueno: el futbol.

Fue un Mundial en el que iba de bilingüe, practicaba mucho mis reportes en inglés para entrar al *SportsCenter*. Muchas veces hacíamos un previo en inglés y siempre voy a valorarle a Rafael Márquez las atenciones que tuvo con nosotros porque, aunque yo tenía acreditación para estar con la selección, tenía que hacer reportajes y entrevistas sólo en inglés para Estados Unidos y Rafa, con un inglés medio complicado de shopping o como quieras, pero se echaba sus entrevistas y comentarios.

Y bueno, ¿qué recuerdo de aquella Copa del Mundo? La gran controversia de quién iba a ser el portero titular de la Selección Mexicana entre Guillermo Ochoa y José de Jesús Corona. Antes de que Miguel "El Piojo" Herrera llegara al Tricolor, cuando aún estaba en el América, recuerdo que alguien de su cuerpo técnico me dijo: "Gordito, tú tienes más posibilidades de ser el portero titular con nosotros que Corona". Y el tiempo lo confirmó, las cosas fueron muy bien con Ochoa.

Creo que algunos problemas de disciplina le afectaron a "Chuy" Corona, porque pienso que él era mejor portero en ese momento, pero esto no es de quién te guste más; hay que darle mérito a "Memo" Ochoa que se parte la madre en los entrenamientos y le gana a los demás con carácter, con huevos, esa es la verdad. Quizá su fuerte no es salir y no es tan espectacular por arriba, pero es la realidad, Memo Ochoa fue la figura del equipo mexicano en Brasil y hay que decirlo.

Así lo bromeaba con mi buen amigo de TV Azteca, Christian Martinoli, y aunque ya he comentado varias veces que no tengo una buena relación con Ochoa, simplemente tuvo su gran Copa del Mundo; así son las cosas, estamos en 2022 y yo sigo sin hablar con él y felices los dos. Cada quien por su lado, así es esta chamba.

Viene a mi mente ese fatídico cuarto partido contra Holanda. Se iba ganando, parecía que por fin se iba a dar el quinto juego. Yo estaba a nivel de cancha, parecía que se iba a dar y... ¡ni madres! No se pudo. Jugamos como nunca y perdimos como siempre. Y es que la presión te gana, porque eso de que fue penal de Arjen Robben se queda corto.

Me acuerdo que a Robben lo entrevisté unos meses después cuando, en noviembre de ese mismo año, en fecha FIFA, México fue a jugar un partido amistoso en Holanda y ¡vaya tipazo! Pues él sabía que no era penal y nosotros no podemos vivir de si era penal o no era penal. La realidad fue otra y tal vez el Piojo y Santiago Baños, entonces director deportivo del tricolor, lo van a decir algún día más abiertamente: la presión ganó, el equipo se cayó y quedamos fuera de la Copa del Mundo.

Otra de las cosas que siempre voy a agradecer es la relación que el Piojo ha tenido constantemente con los medios de comunicación y, en momentos cruciales, te das cuenta cuando respetan tu trabajo.

Ya saben cómo es esto, los que tienen los derechos de transmisión no dejan que jugadores y cuerpo técnico hablen con nadie y los jefes de prensa hacen su chamba dándoles prioridad. Fue así como conseguí entrevistar a Javier "Chicharito" Hernández, pues teníamos los derechos en inglés. Me dieron 10 minutos y me pusieron al jefe de prensa, Israel Márquez, a un lado y me advirtió: "John, tienes 10 minutos y si haces una sola pregunta en español se acaba la entrevista". Y así fue, tuve que hacer todas las preguntas en inglés. Lo mejor fue que ese Chicharito de 2014 te decía más cosas en inglés que en español y así se dio, sacamos esa entrevista y la sacamos muy bien.

Sin embargo, también hubo un momento durante esa cobertura en que no habíamos tenido otra exclusiva, nadie nos daba entrevistas y pues es la presión normal que uno tiene que vivir. Mi "partner", a quien aprecio mucho y a quien tanto le he aprendido, Jared Borgetti, tratando de ayudar me decía: "Tranquilo John, ya vendrá". Y así fue.

Un día, Miguel, el Piojo Herrera había ido a cenar con Justino Compean, el entonces presidente de la Federación Mexicana de Futbol, para quien en ese momento, yo era persona *non grata*, y Héctor González Iñárritu, entonces director de Selecciones Nacionales, con quien siempre he tenido buena relación y a quien quiero y respeto, pero no deja de ser alguien muy de Televisa, con los colores de la empresa muy bien pintados, y eso también lo respeto, cada uno defiende su bando.

Pero esa vez en el hotel antes de que México perdiera con Holanda, me encontraba en el lobby wasapeándome con el Piojo, pidiéndole una entrevista: "Por favor, échame la mano", en eso me vieron Justino y Héctor, entonces el segundo me empezó a gritar, y a gritar feo, no voy a decir que me insultó, pero estuvo muy cerca de hacerlo. Debo ser sincero, la verdad yo sí me sentí muy ofendido, esa es la realidad. Días después lo volví a ver y, la verdad, las cosas nunca volvieron a ser iguales, aunque entiendo lo que pasó.

Volviendo a ese momento, después de la gritería el Piojo me preguntó: "¿Dónde está tu camión?" y le dije que a dos cuadras. Volteó y le dijo a Justino Compean, a Héctor González Iñárritu y al jefe de prensa Israel Márquez: "Espérenme aquí porque voy a ir con John". Sin más, vino a hacer una entrevista con nosotros y esas son cosas que valoras.

Yo creo que en este negocio en el que estoy como reportero de cancha no te tienen que querer, pero te tienen que respetar; eso sí, tú te ganas ese respeto con tu trabajo y si no te respetan, tampoco pasa nada.

Pero así fue con el Piojo, ya luego les platicaré todo el rollo de su "adiós" en Filadelfia. Mientras... ¡Muchas gracias mi Piojo! Siempre has sido, en las buenas y en las malas, como técnico del América o de la Selección o como sea, un tipo de primera.

Ahora bien, algo que siempre he tratado de implementar como mi granito de arena en la cobertura del futbol en México y que yo le he aprendido a los americanos de cómo se hace la chamba del *sideline reporter* en las coberturas de los partidos de la NFL es que, al medio tiempo del *Monday Night Football*, le haces dos preguntas sin cámara y sin micrófono a un head coach; apuntas lo que te dicen y, aunque no esté grabado, eso te sirve mucho porque cuando salen a calentar al medio tiempo te dan información muy fresca, del momento.

En el tiempo en que estuve transmitiendo en inglés para ESPN a la Selección Mexicana, se lo comenté al Piojo y resultó valiosísimo. Saliendo al calentamiento le preguntaba: "¿Qué tienes pensado hacer?", y él siempre se prestó, pero es algo que no veo que se haga realmente en los medios hispanos o latinos, salvo en la MLS, pero eso ya vendrá en un capítulo dedicado a la MLS.

Pero bueno, eso les quería platicar. México quedó eliminado, la presión nos ganó y el Tri se regresó a casa; nosotros nos quedamos siguiendo la cobertura en el hotel en Santos, donde se quedaba Costa Rica. Nos tocó ver toda esa locura tica, los resultados increíbles que consiguieron y cómo terminaron es algo de aplaudirse; con el técnico José Luis Pinto siempre estuvimos cerca y nos dio nuestras entrevistas.

Lo que sí quiero comentar es que ese hotel era un auténtico robo, ya que cobraban 400 o 500 dólares la noche, cuando no era ni de 120, pero bueno, ya no vamos a criticar tanto a Brasil.

Nos tocó ver el detrás de cámaras, el cómo se vivía esa festividad, esa hazaña deportiva que estaba consiguiendo Costa Rica, comandada por José Luis Pinto, "El Pura Vida" al frente de Keylor Navas, Celso Borges y Bryan Ruiz, a quien recuerdo haber entrevistado y destacaba por ser muy educado, de hecho lo pudimos entrevistar en inglés y en español.

El profe Pinto es muy a su estilo, pero nadie puede negar que lo logró. Una vez que quedó eliminado Costa Rica de la Copa del Mundo estábamos esa noche en el hotel y yo quería entrevistar a Keylor Navas, ya nos habían pasado el rumor que se iba a ir a un equipo importante en España, aunque no sabíamos si iba a ser al Real Madrid o al Atlético.

Entonces, el presidente de la Federación Costarricense (Fedefutbol), Eduardo Li (de 2007 al 2015), me dijo: "Mira John, los jugadores van hoy a festejar. No los molestes, siéntate a tomar una copa con nosotros y mañana te prometo que te ponemos a Keylor Navas para que lo entrevistes".

Le dije a mi productor Octavio Gallegos: "Ven, Tavo, te necesito. Vamos con Eduardo Li a sentarnos". Sacó un pomo de whisky Buchanan's y convivimos con él, su hijo y varios federativos. Él, muy amable, muy educado, muy atento.

Platicamos de mil cosas. Hubo un momento en que me dijo: "John, nosotros tenemos el 10 por ciento de lo que tiene la Federación Mexicana, pero nosotros trabajamos de la mano con Justino Compean y las televisoras. Todo lo que México pide, nosotros estamos con ellos. Y en la Concacaf hacemos unión con los mexicanos y hacemos mucha fuerza".

Tiempo después vino el *Fifa gate* y Eduardo Li fue arrestado (27 de mayo de 2015) y se aventó un buen rato en prisión, primero en Suiza y luego en Nueva York, por el tema de corrupción de la FIFA. Siempre me he cuestionado: ¿Cómo estará el tema de la Federación Mexicana, la Federación Tica, la Federación Hondureña, el *Fifa gate*?

Esas experiencias se te quedan grabadas: Eduardo Li tan amable, tan buen cuate y que nos lo "entamban" (salió de la cárcel el 9 de marzo de 2016 y permaneció en arresto domiciliario hasta octubre de ese mismo año, cuando llegó a un acuerdo con las autoridades estadounidenses).

Y bueno, ya para la recta final del Mundial, no sabíamos si después nos iban a mandar a las semifinales y luego a la final o al partido por el tercer y cuarto lugar. Estuve trabajando al lado de Jeremy Schaap, a quien considero el mejor reportero de ESPN, además de Tom Rinaldi (actualmente trabaja para Fox Sports), y pensé: "Seguramente nos van a necesitar para la final entre Argentina y Alemania", porque estamos más acostumbrados al empujón, al llamado chacaleo, a pelear por la entrevista. Y así fue, nos tocó la final.

La verdad es que tengo muchos amigos argentinos y es un país que disfruto mucho visitar, pero recuerdo la manera cómo se comportaron los aficionados argentinos en Río de Janeiro, los desmanes que hicieron, los autos, la burla por la goliza que le pusieron los alemanes a los brasileños. Pensé: "Si hay un Dios del futbol, no puede permitir que Argentina sea campeón del mundo".

A final de cuentas fue Alemania el ganador de la Copa, lo lograron. Recuerdo como si hubiera sido ayer, cierro los ojos y viene a mi mente la cara de Leo Messi, le había tocado el antidoping y, además, había tenido que salir a recibir un premio que FIFA le había otorgado, ni más ni menos que el balón de oro; pero eso no cambió su cara de frustración porque todo un país estaba encima de él y por todo lo que ha sufrido por no darle una Copa del Mundo a su país.

En fin... ¿Qué me gustó de Brasil? La Guaraná Zero, buen refresco. Obviamente, hay mujeres muy bonitas. La ciudad de Río es muy bella, pero... Bueno, ya no quiero pegarle a Brasil.

Es un Mundial del que recuerdo con mucho cariño a Miguel Herrera, lo que hizo para ayudarme en mi trabajo en la cobertura por ESPN siempre se lo voy a agradecer.

Me queda claro que en ese Mundial a México le ganó la presión, Costa Rica fue el ejemplo en la zona de que sí se puede y Alemania demostró que organizándote y trabajando con las fuerzas básicas puedes lograr buenas cosas y Brasil, como país, me pareció un desastre.

# 03

## El adiós del Piojo

Recuerdo que me tocó cubrir esa Copa Oro 2015. Esa final que se jugó en Philadelphia entre Jamaica y México.

Semanas antes, en la cobertura que estábamos haciendo para ESPN, estábamos en el Westin de Chicago y, un día, platicando con Miguel Herrera me di cuenta de la molestia que sentía hacia Luis García y Christian Martinoli de TV Azteca.

Debo decir que yo me llevo muy bien con Luis y Christian, los considero buenas personas y buenos compañeros, no tengo nada contra ellos, pero cada quien tiene sus cosas y es un hecho que él traía atravesado el hecho de que sentía que Christian se había metido con su hija, y ese día en Chicago pensé: "Esto lo tienen que parar porque es una bomba de tiempo", y finalmente explotó.

Hay que recordar que fue una Copa Oro rara donde los jugadores decidieron no hablar, ya casi olvidaba que no daban declaraciones. Hasta cuando le ganaron ampliamente a Jamaica (3-1) no dijeron nada, cero declaraciones en el Lincoln Financial Field, la casa de las Philadelphia Eagles.

Al día siguiente, a mí también me tocaba salir del aeropuerto de Phili que conozco bien por los *Monday Nigth*, y los constantes vuelos México-Atlanta, Atlanta-México o México-Houston, Houston-México. Me tocó volar antes que el Piojo y pues estalló la bomba: se topó con Martinoli, se hicieron de palabras, lo empujó o no lo empujó, lo agredió o no lo agredió. No faltó el *paparazzi* o el aficionado que grabó y vendió el video y eso le costó la chamba al Piojo.

Siempre pensé que pudieron protegerlo más en Selecciones Nacionales, el mismo Héctor González Iñárritu sabía que Miguel tenía este problema, sabía que el Piojo en cualquier momento podía estallar.

Ese día creo que Héctor se fue de vacaciones y no voló a México, se fue por su cuenta. También creo que el área de prensa de la Selección lo pudo haber ayudado; sí, es adulto, es alguien que tiene que ser responsable de sus actos, pero bueno, a final de cuentas siento que lo pudieron haber "salvado".

Recuerdo cuando Cuauhtémoc Blanco tuvo en su momento problemas de violencia doméstica (1998) y lo pusieron en la televisión a dar una disculpa pública y todo quedó ahí.

Pues ahí estuvo el Piojo, le costó millones de dólares ese error. Siempre defendió consciente e inconsistentemente a su hija Mishelle y ojalá le den en su momento la revancha con el Tricolor. Ya fue a Tijuana, volvió al América y ahora está con

Tigres, creo que es alguien que se ha ganado el derecho de regresar algún día a la Selección Nacional.

¿Quién no la ha regado? ¿Cuántas veces no la he regado yo en el trabajo o en la vida personal? Se cometen errores, aprendes de ellos y sales adelante.

Recuerdo ese día en el aeropuerto de Philadelphia, explotó la bomba, se enojó el Piojo y le costó la chamba y un buen billete.

# 04

## Chicharito

El tema de mi relación con Javier Hernández "Chicharito" es de contarse, porque creo que ha tenido todas las facetas y los altibajos que una relación humana puede tener. Recuerdo cuando lo convocaron a la Selección Mexicana, me lo encontré en un aeropuerto de Dallas, Texas; vi a un chavo muy sencillo, muy agradable, con muy buena conversación. Muy listo y carismático. Recuerdo que hablamos de la NFL, le iba a los Raiders de Oakland y estuvimos hablando de esa pasión que tenía y hubo química con él en esa época.

Tal fue así que también, en otra ocasión que hubo un partido en Torreón, en las épocas que estaba el debate entre si debía ser Oswaldo Sánchez o Guillermo Ochoa el portero para el Mundial de Brasil, me dijo que me daba una entrevista, pero lo bloquearon por los derechos de televisión; para el regreso a la Ciudad de México, él voló por la terminal dos y yo venía en otra línea aérea para la terminal uno. No me acuerdo exacto cómo fue, pero no veníamos en el mismo vuelo y le dije: "Bueno, nos vemos ahí en el restaurante de carnes saliendo de la llegada de nacionales", y sí, ahí me esperó y le hice la entrevista.

También hubo una época, justo antes que naciera mi hijo Enrique, en enero de 2011, que hasta pasé Año Nuevo con sus representantes del momento: Eduardo Hernández y Enrique Nieto; pero luego se vivió un *boom* muy especial cuando Jorge Vergara se sacó un As de la manga y dio un golpe mediático, una súper venta, una súper negociación y se fue el Chicharito al Manchester United.

De esas historias increíbles, ¿no? Porque recuerdo que Jared Borgetti, compañero y amigo me contó que en su época de Chivas, en la parte final de Jared como jugador en el Guadalajara, le tocó vivir ese *boom* del Chicharito. Primero era un joven que andaba cabizbajo, deprimido, lo iban a mandar a Chivas USA; Néstor de la Torre lo iba a mandar a la MLS, pero se lesionó Omar Arellano y eso marcó el cambio total, Chicharito se quedó en el rebaño, se enrachó y metió muchos goles en partidos consecutivos y ahí se empezó a escribir la historia.

Pienso que de Guadalajara, de Jalisco, han salido grandes atletas: Lorena Ochoa, Carlos Ortiz, Sergio Pérez, Canelo Álvarez y, el más reciente, el patinador Donovan Carrillo, pero siempre he dicho en ESPN que a algunos les pega el "fenómeno de la Louis Vuitton y el Corvette amarillo"; les llega tanta lana, tanta fama y se pierden. Pensé que Javier tenía las bases para aguantar todo eso, pero no es fácil. Recuerdo en Atlanta una vez que jugó la Selección Mexicana, había papás que pagaban la noche en el hotel Four Seasons en 400 o 500 dólares para tener una habitación y ver si en el pasillo se topaban con Chicharito. Imagínense que no puedas ni caminar en el pasillo de un hotel.

Era tanta la sensación que causaba que después de comer lo tenían que sacar por otras puertas internas del hotel. Siento que todas estas experiencias fueron cambiando a Javier, ya no es el mismo chavo que conocí en un aeropuerto hablando de la NFL.

Entiendo que a veces los medios hartamos, tienes derecho a defender tu privacidad; pero algo cambió. Por ejemplo, cuando se fue a Inglaterra, un patrocinador tenía que grabar un anuncio. Mandaron cámaras desde México y les dijo: "Tienen dos horas". Oye, venían desde México a grabar su anuncio, Javier, aguanta. Pero así se fueron dando las cosas, poco a poco la relación en Selección Mexicana no fue la mejor. Sé historias que contaban que Javier llegaba a la concentración con exigencias pesadas: el Manchester le ponía una dieta y una comida que él exigía en sus estancias con el Tri y tenían que tener los alimentos para hacerle lo que pedía; se lo hacían los chefs en Selección Mexicana y luego resultaba que mejor quería algo diferente.

También me enteré de que en el Mundial de Brasil, cuando México quedó eliminado, le pidió a Justino Compean que regresaran a su familia en el chárter de la Selección y ¡pácatelas! Bajaron utilería que se perdió para siempre para que Javier y su familia viajaran de regreso. Sí, hay trato especial para las figuras siempre, estoy seguro de que en la NBA, en la NFL y en equipos en Europa hay estrellas a las que se trata diferente, lo importante es que estos tratos especiales no te afecten.

Recuerdo que antes del Mundial de Brasil, México jugó contra Portugal en Boston, donde se tomó la famosa foto Miguel Herrera con Tom Brady. Para ese Mundial los derechos en Estados Unidos en inglés eran de ESPN, entonces íbamos a hacer toda una entrevista, todo un reportaje especial de Chicharito y ¡pues no! Como no andaba muy considerado para ser titular, no quiso. Fue cuando jugó Oribe Peralta y no hubo entrevista. Tuvo que salir al quite el buen Piojo y me ayudó para sacar la cobertura.

Ya en el Mundial de Brasil, entrevisté a Javier Hernández bajo muchas presiones; Héctor González Iñarritu era director de Selecciones Nacionales y creo que con Héctor siempre me he llevado bien, pero él siempre defendió los intereses de Televisa, los intereses de la Selección y, de repente, la relación acabó un poco ríspida, pero esa vez me dieron a entrevistar a Chicharito, e Israel Márquez, de prensa de la Selección, quien siempre me ha echado la mano aunque hayamos tenido nuestras fricciones, con quien siempre ha habido una relación cordial y profesional, me dijo: "Tienes 10 minutos y no le puedes preguntar nada en español, tiene que ser en inglés". Resulta que Chicharito habló mejor en inglés, y hay que recordar que hubo una época que Javier contestaba todo pensado, todo formulado sin controversia, sin contenido, sin sustancia, simplemente sin meterse en apuros.

Un punto muy fuerte en mi relación con el delantero fue cuando Chile le ganó 7-0 a México, en la Copa América en San Francisco, en el Levi's Stadium y quedó eliminado el equipo de Juan Carlos Osorio con esa vergonzosa derrota. Chicharito no había hablado en toda esa Copa América, no salía a la zona mixta, pero ese día Rafa Márquez dijo: "A ver cabrones, den la cara, perdimos y tengan dignidad". Rafa fue el primero que salió a hablar y sí habló Chicharito en esa ocasión, porque prácticamente Rafa Márquez se los pidió y se los exigió como el líder de la Selección.

Ya empezaba a haber fricciones con la prensa o por lo menos había un Javier Hernández muy distinto, era cuando andaba con la española Lucía Villalón. Se decía que andaba distraído por ella, aunque con el tiempo supe que esta niña es una tipaza de buena familia en Santander, España y sin ningún problema económico; creo que mucho de lo que la quisieron culpar para nada era cierto. Pienso que ella venía de una cuna muy especial y si no funcionaron sus cosas, ¿quién soy yo para ponerme a hablar de la vida personal cuando ya llevo dos matrimonios? Obvio no soy el indicado para hablar del asunto.

Cuando me mandaron a cubrir el resto de la Copa América y fuimos a Chicago a un partido Colombia vs Chile, hablé con alguien muy cercano a la Selección, muy cercano a Miguel Herrera, con eso se los digo todo, aunque por respeto no voy a decir el nombre (hay que cuidar las fuentes) me dijo: "Mi John, no estaría mal que se sepa que Chicharito llegó a la concentración de la Copa América en Estados Unidos, cuatro kilos arriba de peso, imagínate cómo le costó trabajo y traía a la novia de arriba para abajo y hacía lo que quería". Entro en vivo en ESPN, en *Futbol Picante* y *SportsCenter* y digo la información comentando que una de las cosas que más afectaron fue que Javier Chicharito Hernández llegó con sobrepeso a la preparación de la Copa América. ¡El desmadre que se armó! Obviamente salieron a defenderlo y desde entonces no tengo mucha relación con Chicharito.

Meses después me dijo que habíamos tenido diferencias, pero que él no tenía nada conmigo y jamás volvería a darme una entrevista, yo dije: "Perfecto, no te vuelvo a molestar". Ya hasta había conseguido su número de celular, pero me dije: "Lo dejamos por la paz, mi Javier… uno más que si uno hace su chamba, se enoja", así lo pensé. Desde ahí a la fecha no tengo relación con Javier, no tengo ningún contacto. Quizá me lo topo y lo saludo, pero nada más.

Siento que en algunas cosas se voló, sí, lo he dicho, está en Saturno o en Neptuno. Creo que la lana y la fama se le subieron. Viene de una casa educada, con buenas bases, pero bueno, también que a los 22 o 23 años te caigan dos millones de dólares al mes, al igual a esa edad yo también me hubiera vuelto loco.

No me tocó cubrir la etapa de Gerardo Martino cuando fueron a Nueva Jersey y San Antonio, pero queda claro que hubo una indisciplina, había unas niñas y Javier le pidió a un cuate de operaciones de la Selección que les pagara el hotel porque su tarjeta no pasaba y ¡pácatelas!, al pobre chavo le costó la chamba. Yon de Luisa, presidente de la Federación, se dio cuenta que en un aeropuerto gente de la Selección estaba ayudando a estas chicas con sus procesos de viaje, como consecuencia despidió al chavo de operaciones y Chicharito no metió las manos por él. Desde entonces no lo han convocado a la Selección y el Tata no creo que lo vuelva a llamar. De buena fuente sé que no tanto por las indisciplinas que se dieron, sino por el hecho de haber involucrado a un empleado, darse cuenta de que le costó su medio de sustento y simplemente haberse hecho de la vista gorda.

Cierto que es el máximo goleador en la historia de la Selección Mexicana, pero creo que también le faltó darle su lugar a Jared Borgetti. Jared nunca lo va a decir, pero cuando viajaron él y Sergio Dipp a Alemania, donde Chicharito iba a batir la marca de anotaciones de Borgetti, Jared lo entrevistó, pero no crean que Javier ese día le dijo: "Oye, vamos a comer o vamos a tomar un café". Le dio la entrevista creo que en el estadio o en el lugar de entrenamiento y nada más. Jared Borgetti es Jared Borgetti, por algo es considerado dentro de las 500 leyendas de FIFA. Pero bueno, Chicharito ahí está, viviendo la vida. Era lógico que el Galaxy o la MLS en su momento lo trajeran, creo que la vida en Los Ángeles es buena y mala porque puedes pasar muy desapercibido, pero también es un lugar que te puede desubicar todavía más.

Esa es mi experiencia con Chicharito, creo que es un buen chavo, simplemente pienso que el entorno y todo lo que le llegó tan pronto, tanta fama, tanto billete, tantos focos de atención lo cambiaron; ojo, creo que también un buen representante tiene responsabilidad en que eso no pase.

En algunas cosas no es el mismo Javier de antes y lo digo por los años que llevo cubriendo a la Selección Mexicana: entre el Chicharito que conocí de chavito y el que hoy vuelve y trabaja en Los Ángeles, California, hay un abismo. Respeto su vida personal, que sea muy feliz. Es el máximo goleador de la Selección Nacional. Jugar en el Manchester, jugar en el Real Madrid, todo lo que hizo, todo lo que ha hecho por el futbol mexicano, mis respetos; simplemente el Chicharito que yo conocí es muy diferente al de hoy.

# 05

## Memo Ochoa

A través de los años, mientras desempeñas tu trabajo, vas haciendo amistades con algunos jugadores, técnicos y miembros de los equipos, pero también surgen desencuentros, diferencias que luego no pueden salvarse. Así es esto, afianzas relaciones o se rompen, se dan encuentros y equívocos, lo más importante es ser honesto, cumplir bien con tu trabajo y ver siempre para adelante.

Me ha pasado en muchas ocasiones distanciarme de algún algún directivo, pocas veces con un atleta, justo como me sucedió con Memo Ochoa, con quien no tengo buena relación; más bien no tengo ninguna relación.

Hace mucho tiempo se rompió la comunicación, eso no quiere decir que no lo considere un gran atleta, un gran portero, ha hecho mucho con la Selección; además, soy americanista, pero bueno. Les cuento más o menos cómo se ha dado mi relación con el arquero azulcrema.

Recuerdo la Copa América del 2007, en Caracas, Venezuela. México venía de perder la final de la Copa Oro, en Chicago, contra Estados Unidos y Hugo Sánchez decidió hacer muchos cambios y le funcionaron. México inició muy bien en esa Copa América, hasta que fue eliminado por Argentina.

Había una competencia deportiva entre Guillermo Ochoa y Oswaldo Sánchez. Sé que Oswaldo le dijo a Hugo: "O sigues con la rotación de porteros o me voy", y el técnico hizo las rotaciones. Esto también es de gustos, a mí siempre se me hizo más portero Oswaldo Sánchez que Guillermo Ochoa y una vez en Torreón, Oswaldo me dio una entrevista justo cuando había el pique sobre quién sería el portero del Mundial 2006. De ahí, con el tiempo, me di cuenta del distanciamiento, pero luego empecé a entender que Guillermo Ochoa estaba molesto conmigo, no se acercaba para una entrevista y en 15 años no lo he entrevistado, ni siquiera recuerdo la última vez que platiqué con él.

Así se fueron dando las cosas. También me acuerdo de todo el tema del clembuterol que vivieron los jugadores, Guillermo era uno de ellos. Por si fuera poco, en un avión me dijeron que iban a mandar a Memo a Francia porque Televisa iba a transmitir la Liga francesa y, cuestión de negocios, le convenía que lo mandaran a Francia. Sé que al arquero no le gustó que lo diera a conocer, pero fue cierto.

También en su momento se dijo que había la posibilidad que se fuera a jugar a Inglaterra (al Fulham) y pude confirmar que era puro cuento y eso no sucedería.

En una ocasión, previo al Mundial del 2010 en Sudáfrica, estábamos en Alemania en un partido de preparación, y uno de los hijos de Javier Aguirre a quien le gustaba la profesión de periodista y reportero, y era muy amable conmigo, de repente se me acercó, así de rápido y me dijo: "Mira John, ¿cómo estás? Fíjate que mi papá ya decidió que es entre el Bofo Bautista y Jonathan Dos Santos quien sería la baja para el Mundial 2010 y ya también tomó la decisión, el Conejo, Óscar Pérez va a ser el portero titular del Mundial y debuta contra Sudáfrica".

Esto habrá sido como 20 días antes del Mundial y le puse una cara como diciendo: "No me vayas a cruzar", y rápido llegó su abuelo y se lo llevó. Di a conocer en ESPN que Memo Ochoa no iba a ser el portero titular del Mundial, que sería el Conejo y bueno, parecía que yo fui el que tomó esa decisión. La determinación la tomó Javier Aguirre y súmenle que el último partido de preparación antes del Mundial de Sudáfrica, en Bélgica, conmemorando la tragedia de ese estadio cuando en 1985 fallecieron 39 aficionados por una "avalancha humana" en la Final de la Copa de Europa (ahora la Champions League), entre el Liverpool y la Juventus; fue México contra Italia y, al parecer, venían visores del París Saint Germain a ver a Memo y, ¿cuál fue la sorpresa? Que el Conejo fue el portero titular porque fue un partido antes de debutar en la Copa del Mundo. Así se fueron dando las cosas y hoy seguimos igual.

Luego empezó todo el tema de Jesús Corona para el Mundial de Brasil 2014: si iba a ser Chuy o Memo el portero titular. También creo que Corona era mejor portero que Guillermo

Ochoa, pero insisto, eso es cuestión de gustos. Ya escribí que una vez, Santiago Baños, cuando trabajaba en el cuerpo técnico del América me dijo: "Tú gordito, tienes más chance de ser el portero del Mundial que Corona", y miren como fueron las cosas. Ojo, eso no quiere decir que Ochoa no la rompió y como la vida es de oportunidades, la verdad lo hizo muy bien. En los últimos años, la competencia con Alfredo Talavera y el americanista, también la ganó.

Guillermo Ochoa es la imagen de *Tequila Gran Centenario*, de Casa Cuervo, de mis amigos, y yo soy el primero en decir: "Qué bueno, no hay nadie más mediático que pueda ayudar a vender Gran Centenario en los Estados Unidos que Memo Ochoa".

Llegó un momento en que ya ni me acercaba con él para no afectar a los demás por no poderle hacer una entrevista. Siempre he bromeado con Christian Martinoli, creo que pensamos de una manera muy similar sobre el tema Guillermo Ochoa, que sí, obviamente, nos calló las bocas con el Mundial que tuvo en Brasil, que tiene toda una carrera, que si no sale bien por arriba y todo lo que tú quieras, pero no deja de ser un guardameta que, a la hora de la hora, muestra muchos huevos. Su regreso al América fue todo un éxito, eso no deja que algunos todavía extrañemos a Marchesín.

Luego, cuando hice la entrevista con Renato Ibarra, me contaron todo el problema que se armó. Ochoa escuchó la entrevista y reclamó cómo a Renato no le habían diferido los pagos y al resto del plantel sí, con todo el escándalo que armó, creo que hasta le ayudamos al portero del América a que cerrara su propio *deal*, porque sé que, a final de cuentas, acabó arreglándose directo y no en conjunto con los otros jugadores del América en la pandemia. Lo sé porque un par de jugadores me lo confirmaron.

¡Sepa Dios cuál será nuestro destino! Pero, como punto final, quiero decir que éste es un ejemplo de lo que me ha tocado cubrir: la carrera de un gran futbolista, pero no por eso voy a dejar de hacer mi chamba y dejar de dar a conocer información del atleta sólo porque él considere que no debí hacerlo.

# 06

## La ventana de Osorio

Yo creo que una de las historias que más he disfrutado hacer y que más mediáticas se han vuelto, es "La ventana de Juan Carlos Osorio".

Un día después del Super Bowl LI en Houston, en febrero de 2017, venía volando con Alejandro Irarragorri, compañero de escuela, amigo de toda la vida del Instituto Irlandés y dueño de Grupo Orlegi Sports, propietario a su vez de los clubes Santos Laguna y Atlas, y le comenté que en unos días estaría cenando con Juan Carlos Osorio y me comentó: "John, que te platique cuando vivió en Inglaterra y espiaba los entrenamientos de un equipo de la Liga Premier". En ese momento pensábamos que se trataba del Manchester City o del Manchester United, pero resultó que era el Liverpool.

No podía ignorar el dato, así que cuando me reuní con Juan Carlos Osorio, le hice saber mi interés periodístico por hacer la historia de "su ventana", le pedí que por favor me explicara un poco la situación y me respondió: "Es en Crown Road, ahí viví casi dos años y espiaba los entrenamientos del Liverpool desde la venta de la casa con la familia Macmanus". Me dio los datos de la familia y agregó: "Si los encuentras, te ayudo a hacer la historia".

¡Vaya oportunidad! En ese momento le marqué a Tom Marshall, compañero de ESPN que entonces cubría a la Selección Mexicana en el Reino Unido, país en el que creció, y le pedí que me ayudara a contactar a los Macmanus y le comenté: "En una de esas la nota pega y hacemos algo muy divertido". Tom, quien curiosamente trabaja actualmente para Orlegui Sports, me informó que vivía en Manchester, su ciudad de origen, y Liverpool está a casi nada, unos 20 o 30 minutos viajando en auto.

Tom mandó a su cuñado a la casa de los Macmanus en Crown Road # 11 y llevó una carta, tocó a la puerta y resulta que sí, ahí era donde había vivido Juan Carlos Osorio. En ese momento no sabía a ciencia cierta cómo era la historia, pero tenía una idea y Tom Macmanus, a quien conocí más adelante a fondo, le dijo: "Sí, con mucho gusto los ayudamos, pero que nos hable Juan Carlos Osorio", y era lógico, tenían que confirmar que era cierto el contacto.

Así pasaron como dos meses, a Juan Carlos Osorio le costó trabajo hacer la llamada, él fue muy honesto al decirme: "John, yo no quiero que mi reencuentro con los Macmanus, a los que no he visto en más de 10 años, sea para aprovechar y hacer publicidad mía, me da mucha vergüenza y a mi esposa también le da mucha pena".

No me quedó más remedio que volverlo loco durante todo un mes mensaje tras mensaje para que se animara. En ese momento el director de Selecciones Nacionales, Santiago Baños, me apoyó y finalmente lo convenció. Recuerdo que Osorio me contactó un jueves y me escribió en un mensaje de WhatsApp: "Ya contacté a mi otra familia, los Macmanus. Todo está listo".

Ahí empezó la historia. Griselda Ramírez, exproductora de ESPN en Bristol, en el área de historias especiales, me ayudó. Hicimos todo el contacto y como a los 10 días viajé a Manchester y después a Liverpool donde me hospedé.

Conocí por fin a la familia Macmanus, Tom y Mary, auténticos tipazos: él, un señor trabajando toda su vida como carpintero, tiene la fama que si hay que arreglar algo en la zona con los vecinos, él es quien lo hace; ella es amable y gentil, dedicada al hogar y a su familia. También estuvieron sus dos hijos Peter y Tom.

Así nos fueron contando la historia, que fue fabulosa. Al día siguiente grabamos todo y básicamente fue así: cuando Juan Carlos Osorio se retiró como futbolista en la MLS, donde jugó para el Chicago Fire (1987-1988), decidió estudiar en Estados Unidos y se tituló en Ciencias de Ejercicio Físico y del Rendimiento Humano por la Universidad de Connecticut, pero no conforme, optó por viajar al Reino Unido a especializarse en Ciencias Superiores del Futbol en la Universidad de Liverpool, ya que le habían prometido que podría ir a ver a algún equipo de la Liga Premier en vivo y en directo.

Entonces viajó a Inglaterra y cuando quiso ir a un entrenamiento le dijeron: "Puede venir tal día, a tal hora, cuando pueden entrar los aficionados". Y justamente ahí, en la calle de Crown Road, justo frente a la cancha de entrenamiento del Liverpool vio una casa que ofrecía la mejor panorámica. Tocó la puerta y apareció Mary Macmanus a quien sólo le pidió una escalera para ver el entrenamiento y resulta que no había escalera, tan solo le prestó una mesa plegable.

Mary nos cuenta que fue varios días, tocaba a la puerta, ella le prestaba la mesa y Osorio la iba acomodando según como mejor le quedara para ver bien la práctica; hasta que un día Osorio se dio cuenta que en la planta alta de la casa había una ventana que daba justo al entrenamiento. Pensando en la gran oportunidad, le pidió a Mary ver desde ahí, a lo que ella respondió que para dejarlo entrar a la casa debía consultarlo con Tom, su esposo.

Es así como se reunió con Tom un día y supuestamente lo iban a ayudar a encontrar un lugar para vivir cerca, mientras se podía alojar ahí; la realidad fue que Juan Carlos Osorio no quería moverse del lugar y terminó viviendo dos años con los Macmanus, en una casa pequeña. Su lugar de observación realmente no era un cuarto, era un pasillo, pero le sacó un gran provecho: después de ir a la universidad, en las tardes observaba y observaba los entrenamientos que en esa época comandaban dos técnicos: el inglés Roy Evans y el francés Gérard Houllier.

Como no tenían televisión por cable, iba al pub más cercano a ver los partidos y, como en esas épocas no había mucho dinero, no ordenaba bebidas y prefería pedir algo de comer. Sentado en la barra veía todos los juegos, no pedía cervezas, nada más tomaba su agua, comía algo y así hacía sus estudios y análisis de las tácticas que observaba en los entrenamientos y veía cómo se aplicaban en los juegos.

Juan Carlos demostró sus ganas y su ímpetu por prepararse, sabía que si no tienes un buen currículum "no te dan bola", nadie te contrata como entrenador, por eso tenía claro que debía hacer su mejor esfuerzo para aprender. Tras esa experiencia regresó a Estados Unidos a dirigir al Metro Stars, más adelante fue preparador físico del Manchester City y su trayectoria fue creciendo.

Obviamente le tomó mucho cariño a la familia Macmanus y ellos le correspondieron en gran medida, tan es así que recuerdan que la comida de Navidad que acostumbraban celebrar como a las dos de la tarde, la pasaron a las seis porque era el horario en que Osorio podía venir después de entrenar o de los partidos del Manchester City; lo consideran como un tercer hijo y la prueba es que después de 12 años sin tener contacto con ellos, accedieron a apoyarnos para hacer esta historia.

Cuando regresé a México, Juan Carlos Osorio fue muy accesible y también me apoyó mucho. Nos recibieron en el Centro de Alto Rendimiento, hicimos la entrevista y en la parte final, a través de mi celular y el celular de Tom en WhatsApp, hicimos una comunicación en video y de ahí salió la historia de Juan Carlos Osorio y su ventana.

Es admirable lo que ha hecho, fue muy padre hacer una historia que fue tan mediática, que tuvo tanto éxito en ESPN y muchas veces el reconocimiento de tus propios colegas, aunque estemos pateando por ganar la chuleta, es de lo más gratificante.

Siempre agradeceré a Alejandro Irarragorri por la idea, a Santiago Baños por la ayuda y también a Griselda Ramírez y Gustavo Colleti, por el apoyo para hacer posible esta historia y, sobre todo, a ESPN. Con el tiempo, Juan Carlos Osorio, en una de esas muchas giras que hizo por Europa, les cayó de sorpresa a los Macmanus y volvió a cenar en su casa de Crown Road.

Esa fue la ventana de Osorio, el que tuvo el sueño, el que vivió en un pasillo dos años espiando al Liverpool tratando de prepararse. Fue el técnico de la Selección Mexicana, trató de poner cada pieza en su lugar para que el Tri pudiera tener un buen mundial en Rusia. Ilusionó al país entero al abrir su participación con una victoria ante Alemania. Pero, al no cumplir el objetivo de llegar al quinto partido, decidió no renovar su contrato como DT de México.

Terminó por alejarse de nuestro país por un escándalo provocado por un tema personal, dirigió brevemente a la Selección de Paraguay, tras lo cual se fue a trabajar a Colombia.

# 07

## Rusia, ese gran país... Mi querida Rusia

Me encantó... Siempre he dicho que me volví loco en Japón durante la cobertura de la Copa del Mundo de 2002, pero Rusia fue algo fabuloso. Imagínense lo que es viajar a ese país, yo, siendo hijo de una americana y que crecí viendo a los rusos como los malos de la película.

Me enamoré de Rusia. Como mexicano diría que ojalá nosotros cuidáramos nuestras calles, nuestros museos, nuestras ciudades, nuestras casas, nuestras familias en Latinoamérica como cuidan ellos lo suyo en su país.

Llegamos a la Copa Confederaciones 2017 con Jared Borgetti, fue una cobertura muy especial. Justo llegamos a Kasán, creo que es una de las ciudades con las que más me encariñé, porque es más "normal". No es tan turística como Moscú o San Petersburgo. Además, tuvimos la fortuna de tener a una gran, gran guía-traductora, Kesenya Prosikova. Era originaria de Kasán y era profesora de una universidad.

Me acuerdo que llegamos antes de que arribara la Selección Mexicana a Rusia y fuimos a grabar en un pequeño estadio donde entrenaría México. Ahí estábamos grabando y, como a los 20 minutos, le preguntan a Kesenya de parte de la KGB qué hacía ahí y quiénes éramos nosotros. Rápido había que mostrar pasaportes: tenían monitoreado todo. Fue así que me quedó claro que Rusia es como un Big Brother, todo lo que pasa lo monitorean, hasta las redes sociales, esto sí es una parte medio dura, pues según ellos es para mantener el orden.

Kasán tiene un toque asiático, me encantó la cultura, el kremlin de la ciudad, la comida. Si alguna vez han comido un buen dumpling, tienen que ver y probar esos deliciosos dumplings rusos, aunque se tardan como media hora en prepararlos, vale la pena la espera cuando los muerdes y luego los chupas y sale un juguito exquisito. Es una locura, nunca he probado un dumpling más rico.

Recuerdo que México jugó su primer partido en Kasán con Portugal y empató a 2 en el Kasán Arena, luego en el Estadio Olímpico de Sochi –ahorita les platico lo de Sochi– se impuso 2-1 ante Nueva Zelanda. Después, para cerrar la fase de grupos volvió a jugar en Kasán, derrotando a Rusia 2-1.

Voy a poner un ejemplo de lo que me asombró de la disciplina. Una vez, Kesenya estaba triste y hasta traía lágrimas en los ojos. Le pregunté qué le había pasado y me contó: "Lo que pasa es que hace unos meses estaba en el estacionamiento de un centro comercial, me eché en reversa, no vi nada, pero al parecer rocé o toqué un coche. Lo vieron las cámaras, me demandaron y perdí ante un juez". Eso no quiere decir que en Rusia no se presten a la corrupción, pero en su caso fue muy fácil, o te quedas un año sin manejar o te vas 15 días a la cárcel. Ella eligió no manejar por un año, luego le redujeron la sanción a seis meses, pero eso te habla de la disciplina de los rusos.

Otro ejemplo fue cuando una vez debíamos llegar a un entrenamiento y quisimos rebasar un camión para llegar antes que la selección a la práctica, para grabar la llegada, pero me dijo el cuate que nos llevaba: "No hombre, aquí me paso un alto o me voy por el otro carril y no sabes las consecuencias que puede haber, te quitan la licencia y dejo de manejar seis meses".

Por eso le agarré mucho cariño a la disciplina de los rusos y, de repente, cuando fuimos a Sochi, que había vivido apenas cuatro años antes los Juegos Olímpicos de Invierno, y llevaba el mismo tiempo con el Gran Premio de la Fórmula 1, parecía una ciudad falsa, daba la impresión de estar hecha para mandar una imagen de Rusia al mundo.

Ahí regresó México para las semifinales en las que perdió contra Alemania (4-1); pero ahí sí, en serio parecía todo medio falso, el circuito de la Fórmula 1, el estadio de hockey, el estadio de futbol.

Eso sí, ¡qué bonitas mujeres!, creo que no había visto mujeres tan bellas en mi vida, me acuerdo que en el buffet del hotel estaban prácticamente en paños muy menores: ¡wow!, ¡impresionante Rusia!

Luego salías a la playa ahí en Sochi y había piedras. No pude evitar pensar qué buena onda tener Cancún y las demás playas que tenemos en México y en Latinoamérica; sin embrago, los rusos están felices.

Creo que cuando se nos acabó el tequila empezamos a comprar vodka Beluga, muy bueno. Recuerdo que enlazábamos como a las cuatro de la mañana y eran tan amables en el hotel que, a las 4:15 salía un mesero (él mismo hacía los cuartos, hacía el check-in, la hacía de cuatro cambas) y nos sacaba el café para enlazar ahí con Paco Gabriel de Anda. Si alguien sabe de buen café es mi querido Paco Gabriel.

Fue muy padre, muy especial esa cobertura, ya les contaré después de otras ciudades, como la sede de la final en la que Alemania le ganó a Chile, San Petersburgo: sus museos, sus palacios, todo lo que tienen; la verdad es que la ciudad más bonita que he conocido en mi vida es San Petersburgo, Rusia.

Ya les platicaré más adelante la aventura que fue con Juan Carlos Osorio el Mundial en sí, pero de esta parte de la Copa Confederaciones, regresé muy contento, muy agradecido, enamorado de las rusas, enamorado del país en general, de lo bien organizado, y si algo les aprendí a los rusos es la disciplina. Ojalá los mexicanos cuidáramos como ellos a nuestro país, a nuestro México como ellos cuidan Rusia.

Durante esa Copa Confederaciones fue cuando dimos a conocer "La ventana de Juan Carlos Osorio", el reportaje del que ya he platicado aquí en el libro, la anécdota de cómo espiaba al Liverpool desde esa pequeña casa.

Fue muy especial ver cómo una historia se podía volver tan mediática en muchos países. Recibir reconocimientos de compañeros, amigos, gente del medio que tal vez en otro momento trabajamos juntos y ahora no lo hacemos fue muy significativo. Creo que sigue siendo la historia que más me ha llamado la atención, con la que más me he entretenido al hacerlo. Siempre me recordaré viéndola en mi Ipad con mis compañeros de ESPN en el hotel de Kasán, es un recuerdo muy especial de la Copa Confederaciones 2017.

# 08

## Rafael Márquez

Creo que al hablar de Rafael Márquez, lo tenemos que poner como uno de los grandes, no sólo entre los futbolistas de la historia de México, sino de nuestros atletas; creo que sólo Hugo Sánchez ha logrado cosas más importantes.

Ese chavito del Atlas, ese jugador al que le dio la oportunidad Bora Milutinovic en la Selección Mexicana; aquel que en una Copa América fue descubierto cuando vinieron a ver a unos futbolistas chilenos y resulta que dijeron: "¿Ese chavo quién es?" Resultó que era mexicano y acabó jugando en el Mónaco y, después, en el Barcelona del 2003 hasta el 2010.

Rafa se convirtió en esa figura, en ese referente del futbol mexicano a nivel internacional. Me acuerdo del Mundial de Alemania 2006, cuando Rafa tenía una exclusiva con TV Azteca para dar entrevistas pero, gracias a mi entonces compañero

Daniel “Ruso” Brailovsky y la relación que tenía en ese momento con el representante del futbolista, Enrique Nieto, Rafa nos dio una entrevista clave antes del partido en Leipzig, contra Argentina.

Es algo que recuerdo con mucho cariño, siempre me he llevado muy bien con Rafa. Incluso en su momento lo invité a jugar golf en el Club de Golf Chapultepec, y vaya que le gusta el golf.

A través del tiempo, tuve varios momentos importantes con el Káiser; por ejemplo, en el Mundial de Brasil 2014, nosotros (ESPN) teníamos los derechos en inglés para Estados Unidos y Rafa se aventaba... ¡entrevistas en inglés! No era el mejor inglés, pero lo hacía y eso tiene mucho mérito.

Con el paso de los años, siempre fue una relación respetuosa. No voy a decir que era mi gran cuate o que hay una súper amistad, pero siempre me respetó y yo siempre lo respeté como futbolista y como persona.

Siempre le voy a agradecer esa entrevista que nos dio previo al Mundial de Rusia 2018. Vaya momento aquel que vivió el 9 de agosto del 2017 cuando, en la lista publicada por la Oficina de Control de Bienes de Extranjeros (OFAC) del Departamento del Tesoro de los Estados Unidos apareció su nombre. Lo que sin duda sintió al enterarse de que la justicia norteamericana estaba sobre él. Yo, como méxico-americano, sé que lo peor que te puede pasar es que “Uncle Sam”, el gobierno americano, te investigue.

Fue durísimo, aun así, Rafa seguía siendo alguien de la confianza del entones técnico nacional, Juan Carlos Osorio para el Mundial de Rusia. De hecho, creo que muchas situaciones que el grupo quería y negociaba, las veían directamente con el capitán y, al mismo tiempo, Osorio trataba con él asuntos que quería del grupo; sin lugar a dudas, de ambos lados lo veían como el referente de ese momento en el equipo mexicano.

Entonces, previo a la Copa del Mundo, me recibió en Guadalajara para hacerle una entrevista sobre lo que le estaba pasando. Márquez no había hablado con nadie sobre el tema y agradezco que lo hiciera con nosotros, porque muchas veces para esas entrevistas presionan a los jugadores para que las den a quienes tienen los derechos de la Selección Mexicana.

¡Las cosas de las que me fui enterando que le habían pasado en ese momento!, le congelaron sus cuentas en pesos y en dólares: se quedó sin dinero. Se habla que gente como Francisco Javier "Maza" Rodríguez y otros compañeros, de una manera o de otra, le llevaron efectivo a su casa para que tuviera lo necesario para el día a día. Fue un momento tremendo y creo que vale la pena recordar esa entrevista que se transmitió completa en *Futbol Picante* de ESPN.

Antes que nada recuerdo que siempre miró de frente, siempre habló con serenidad y mucha seguridad. Era el semblante de alguien con la conciencia tranquila, pero con la zozobra en el rostro de no entender a ciencia cierta lo que estaba pasando; lo único que le dije antes de comenzar fue: "Rafa, háblale a la gente desde el corazón".

*J: ¿Cómo te afectó saber que el gobierno de Estados Unidos te estaba investigando a través del Departamento del Tesoro?*

R: Fue un golpe bastante fuerte. Al principio te preguntas ¿por qué a mí? Cuando intentas siempre ser una persona recta, ser ejemplo para mucha gente, con los valores que me dio mi familia de siempre ser lo más honesto posible y que de repente se derrumbe todo lo que has conseguido y que tu figura quede abajo, pisoteada por esta investigación. Fue un par de semanas en las que no quería ni salir de mi casa, en las que nos teníamos que informar qué era realmente lo que estaba pasando, qué consecuencias tendría, cómo me tenía que preparar. Eran realmente unos altibajos cuando te decían: "No, no, no, no pasa nada", o te decían: "No, no, no, cuidado que a lo mejor hay una orden de aprehensión, mejor esto, mejor lo otro". Era difícil dormir.

Sí, fue algo muy, muy fuerte, pero poco a poco vuelves a tomar aire, vuelves a confiar en lo que has hecho; vuelves a confiar en la verdad y a no temer a nada porque al final, no le debo nada a nadie. Volví otra vez a tener confianza en mí porque al salir a la calle, obviamente temía que pensaran: "Mira, éste que está aliado con cierta gente rara". Poco a poco, con la ayuda obvia de mi familia, de mi esposa que también es una base muy importante para mí y que me ha ayudado en todos los sentidos ¿no sé qué hubiera pasado si no hubiera estado ella?

*Al hablar de su familia, de su esposa, Jaydy Michel, muestra una enorme sensibilidad que contrasta con la frialdad y hasta dureza con la que se desempeñaba en la defensa central de la Selección Mexicana en la que por muchos años impuso el orden.*

***J: ¿Cómo te ayudó llorar, desahogarte con tu familia?***

**R:** Uno aparenta ser el más fuerte, el que tiene esa misma cara, uno también tiene sentimientos y a veces sí es necesario desahogarse. Es necesario llorar, es necesario estar con los tuyos. Pero ahí también te das cuenta de la gente que está contigo, que de repente llegaban y tocaban a mi puerta y me decían: "Aquí está para lo que necesites". Y cuando de repente intentabas buscar ayuda por otro lado, no te contestaban, te bloqueaban, o simplemente no estuvieron en ese momento, te das cuenta de que realmente no son personas que valen la pena.

*Nunca perdió la entereza, ni un momento se le vio dudar al hablar de su inocencia.*

***J: ¿Te arrepientes de algo?***

**R:** No, para nada. Sé realmente lo que soy, sé realmente lo que he hecho, que no soy ningún delincuente y que no he hecho nada que tenga que ir en contra de la ley.

Sin duda, una de las entrevistas que más recordaré de mi carrera.

Ojalá, Rafa, hoy en día ya haya arreglado sus problemas, no es un tema del que se haya hablado mucho o se haya dicho, pero bueno.

Cuando regresó a jugar al Atlas, lo fui a entrevistar al campo de golf del equipo; yo me había enterado de que había directivos del Club Rojinegro que le cobraban parte de su sueldo a los jugadores y no resistí preguntarle: "Oye, qué opinas de eso", y tajante me contestó: "Sí, llegas a un equipo donde esa situación era un mito, pero ese mito es una realidad". Rafa también ayudó a limpiar al Atlas. Increíble, ¿no? Que llegues y te digan: "Yo te firmo aquí, pero me das 10, 15 o hasta 20 por ciento de tu sueldo".

Ojalá vengan cosas buenas para él. La parte directiva no es lo suyo pero ¿por qué no pensar que pueda hacer una carrera como técnico? Y que arregle todos sus problemas. La verdad no sé si actualmente pueda entrar a Estados Unidos o no, ese es rollo de Rafa pero ¿por qué no pensar que algún día podría estar al frente de la Selección Nacional? Rafa Márquez uno de esos atletas de los que me ha dado gusto cubrir su carrera; simplemente le deseo mucha suerte al Káiser en los retos por venir.

# 09

# El Mundial de Rusia 2018

A lo largo del libro, en diferentes momentos, he platicado sobre lo fascinante que fue para mí conocer Rusia: su cultura, su limpieza, su organización, el amor a la patria que demuestra su gente.

Antes de irme al Mundial de Rusia en el 2018, ya habíamos ido a la Copa Confederaciones un año antes, teníamos idea de lo que encontraríamos. Para mí no fue fácil. Recién separado de mi esposa Cristina, me pidieron salir de la casa. Afortunadamente encontré pronto dónde vivir: un lugar chiquito en el Club de Golf Chapultepec, me mudé ahí y prácticamente a los 15 días me fui al Mundial.

Cambió mucho mi vida a partir de ese momento. Precisamente, nuestro último viaje como familia con Cristina y mi hijo Enrique fue a esa Copa Confederaciones en San Petersburgo. Así es la vida en esta profesión, no es fácil: viajar, viajar y viajar tiene sus consecuencias, pero confieso que no cambiaría nada por nada.

Por supuesto que no cambiaría el hecho de tener a Enrique, el haber tenido en su momento una buena relación con Cristina. Hace unos meses, en la Primera Comunión de Enrique, platicamos los dos y concordamos: ya no somos pareja, pero somos familia y lo seremos siempre.

No fue fácil subirme a un avión y volar a Rusia, sin embargo, al mismo tiempo era mi chamba y mi ilusión de cubrir otra Copa del Mundo para ESPN y hacer muchísimas más transmisiones. Recuerdo todo lo que hice en redes sociales para *Corona* y *Cuervo Tradicional*, además de muchas cosas que hicimos en ese Mundial, como viajar con Jared Borgetti, el goleador, eso fue especial.

También fueron Mario Carrillo y Sergio Dipp. Estábamos realmente aislados de Moscú. Nos tocó quedarnos en un hotel que hacía casi frontera con China. Era como un hotel medio de paso, no en el mal sentido: literalmente, mucha gente cruza de China a Rusia y de paso ahí se queda, va a hacer el shopping y se regresa. Estábamos a unos 40 minutos del centro de Moscú y ese primer partido, esa victoria contra Alemania fue toda una experiencia.

En repetidas ocasiones he hablado de lo que pienso de Juan Carlos Osorio, siempre se me hizo y se me hace un gran técnico; incluso, creo que hasta demasiado avanzado para nuestro futbol. En su momento hasta Héctor Herrera declaró de ese juego que habían entendido qué iba a pasar, cómo iban a ser los movimientos, lograron anticipar lo que iban a hacer los alemanes gracias a la preparación que hicieron con Juan Carlos Osorio.

Después, Juan Carlos salió de la Copa del Mundo mal, no se ganó. Luego tuvo problemas personales que, seguramente, le afectaron a él más que a nadie, pero pues ahí está ganado el partido contra los germanos.

Luego de ese juego, al día siguiente, estábamos afuera de donde vivía y entrenaba México. Mi camarógrafo, Mario Flores, me hizo una seña como diciendo: "Mira quién viene a la tiendita", porque afuera de donde entrenaba México había una peluquería, un súper y una tienda para comprar comida. Seguramente, el técnico nacional mexicano quería comprar unas papas y una cerveza, estaban concentrados al máximo y seguro querían salir a comprarse algo.

En ese momento le dije a Juan Carlos Osorio: "Brother, la vida es de oportunidades, yo siempre te he apoyado, yo sé que las televisoras te prohíben hablar con nosotros, pero aquí estoy con Jared Borgetti. Anímate". Jared también me ayudó a convencerlo y, finalmente, el estratega nos dio esa entrevista de banqueta que luego tuvo sus consecuencias. Ya les estaré platicando más detalles, pero se me acusó de haber convencido a Juan Carlos Osorio de que saliera a la banqueta a dar una entrevista, lo que es muy diferente a estar todo el día parado haciendo reportes desde la banqueta a las afueras de donde está México entrenando y toparse, por casualidad, al técnico de la Selección Nacional.

Siempre le agradeceré esa entrevista a Juan Carlos Osorio, fue muy mediática, muy importante a horas, prácticamente, de haberle ganado a Alemania. No me gusta usar la palabra vetados, pero desde ese momento estábamos borrados, porque a veces para la televisora que tiene los derechos, esa es su manera de competir: "No le des nada a los que no tienen derechos... que paguen". Ojalá algún día nos vendieran los derechos, ¿no? Más adelante, en el partido contra Brasil, subí algo muy inocente según yo en las redes sociales, una imagen que me habían compartido, y eso me costó que me regresaran del Mundial, ya no cubrir la final, pero estuvimos en todos lados, ¿no?

Algo que fue fabuloso es que Jared es embajador de FIFA, de los 500 grandes futbolistas en la historia del balompié mundial y lo invitaban al VIP. Yo iba como su acompañante y cuando tocaba el palco VIP, era con todo lujo, comida y todo lo que quisieras. Pero imagínense, también había una zona súper VIP, donde iban los primeros mandatarios y la gente más importante. Así nos tocó en el Arena Rostov en el Corea del Sur contra México, ni más ni menos que estar junto al presidente surcoreano, Moon Jae-in. Estaba ahí sentado como si nada con todo y el protocolo de su equipo de seguridad. Estuvo también Gianni Infantino, el presidente de la FIFA. Ahora sí que no tengo más que decir: "¡Wow! Oye Jared, gracias por esta gran oportunidad de vivir un Mundial de esa manera", fue muy padre, la verdad muy especial estar en esos palcos.

Ese Mundial para México era para hacerla en grande ¡caray! Pero... no se pudo. Fuimos a Ekaterimburgo. Me acuerdo cuando llegamos ahí, de nuestra guía, encantadora la niña. Era impresionante ver tantas mujeres guapas en Rusia, esa es la verdad y lo digo con todo respeto.

Eso sí no voy a decir que eran los mejores hoteles en que nos quedábamos, pero no importaba, estábamos felices. Estábamos pegados mucho en ese viaje, Sergio Dipp, Mario Carrillo, Jared Borgetti y un servidor. Cuando jugaron en Ekaterimburgo contra Suecia, que se perdió 3-0, se acabó. Vaya historia, se le gana a Alemania, se le gana a Corea del Sur y, en los primeros minutos del partido contra Suecia dice Jared: "¡Ay!, estos cabrones ya se confiaron, ya pensaron que ganaron los dos primeros y este partido es de trámite". ¡Pácatelas! Suecia nos metió 3-0.

En ese juego estábamos también en el palco VIP, ahí estaba sufriendo Guillermo Cantú, en ese momento secretario general de la Federación Mexicana de Futbol. Fue cuando Corea del Sur consiguió el resultado y sacó a Alemania; con eso, México, ahora sí que de panzazo, se metió a la segunda ronda del Mundial donde nos tocó jugar con Brasil en Samara.

Íbamos llegando a Samara, un pueblito donde casi no había hoteles, y de repente le digo a Jared: "Mira, ahí hay una estación del metro y hay un minihotelito, nada más falta que ese sea nuestro pinche hotel en Samara", con los hoteles que nos habían tocado en Rusia el comentario era válido. Volteó Jared y continuando la broma me dijo: "Sí, no vaya a ser". Cuál fue la sorpresa que ese era nuestro hotel.

Bueno, se perdió 2-0. Lo que siempre dijo Juan Carlos Osorio, y estoy de acuerdo con él: Brasil tiene a los mejores jugadores en los mejores clubes, jugando cada semana contra los mejores jugadores del mundo; México no tiene muchos jugadores en Europa y muchos de los que están allá no tienen minutos de juego y no están en los mejores equipos. Entonces, cuando te enfrentas a Brasil, esa es nuestra realidad, y vas para atrás.

Previo a ese partido, en mis redes sociales, cometí un error que no pensé tan grande. Estaba acreditado por un canal de Sudáfrica con el que ESPN había hecho un arreglo de intercambio de información, de contenidos, puse un hashtag en Instagram y subí una imagen del estadio, de ahí se agarraron para sacarme después de la entrevista con Osorio. Cubrí un partido más de Brasil y hasta ahí llegó, me dijeron: "John, te regresas a México, ya no vas a cubrir la final" pero, al mismo tiempo se me avisó, de parte de los jefes, que había hecho muy buen trabajo, que me quedara cuatro días en Moscú, que disfrutara esos tres o cuatro días en la capital rusa y que me regresara a México antes de la final. Que no me preocupara por nada.

Agradecí el apoyo que me dieron mis jefes en ESPN, porque te la partes, eres como el guerrero en la trinchera y, de repente, te toca un balazo o te toca un golpe. Se siente padre que lleguen, te soben un poco y te digan: "No te preocupes".

Así pasó, es parte de la vida. Me fui de fan, fui en Moscú a ver el partido de Croacia contra Inglaterra, cuando Croacia se mete a la siguiente fase del Mundial y de ahí casi, casi me fui en vivo al aeropuerto, ya me andaba dejando el avión. Recuerdo que volé Moscú-Roma-Ciudad de México en Alitalia, de milagro llegué al vuelo.

Disfruté mucho Rusia, es un país que, lo he dicho muchas veces, como méxico-norteamericano no valoras o ves a los rusos como los malos de la película. Me encantó Rusia, su cultura, su comida, sus personas, su amor a la patria. Fue otra Copa del Mundo muy especial, lástima que México se quedó en ese lugar y que también fue un parteaguas en mi vida personal.

Ahora… a pensar en Qatar.

# 10

## Nico Castillo

A través de varios capítulos de este libro y del anterior, he platicado que en los más de 20 años que llevo como reportero me he dado cuenta de que es difícil hacer amigos con los atletas, porque puedes tener buena relación con ellos, pero tampoco te la puedes creer que tienes muchos amigos, porque realmente no son eso, son relaciones de trabajo, unas son buenas y otras son malas, pero siempre dentro de lo profesional. Sin embargo, a veces surgen dos o tres cuates que te marcan para siempre y se convierten en buenos amigos. Uno de ellos es para mí Nicolás Castillo.

Fue muy curioso cómo supe o contacté al delantero chileno. Estuve en el Latin American Amateur Championship, en Santiago de Chile, y tuve la oportunidad de jugar golf con Felipe Aguilar, un golfista chileno muy reconocido que ha ganado en Europa. Fuimos a su casa y estuvimos platicando de futbolistas que les gustaba el golf y me dijo: "Ah, por cierto, al paisano Nico Castillo que juega en Pumas le encanta el golf", y contesté: "Ay, qué curioso, no pareciera que fuera golfista".

Regresé a México y justo se iba a llevar a cabo el World Golf Championship, en la Ciudad de México. Recuerdo que le comenté a mi compañero de ESPN Fer Tirado: "Vamos a invitar a Nico, que se venga de fan a ver el golf", así que lo busqué. Me mandaron desde Chile su número de celular y aceptó la invitación y así empezó la relación.

Una vez lo invité a jugar golf en el Club Chapultepec y me dio una entrevista cuando no hablaba con nadie siendo jugador de Pumas. Se volvió una rutina jugar golf seguido, tanto así que mi hijo Enrique y Nico se llevan muy bien, incluso hacen sus duelos de putts en el putting green.

Siempre he dicho que el golf es una herramienta, una manera de convivir y, sobre todo, de conocer a la gente. Nico es papá, tiene un hijo que vive en Chile, yo sé lo que es tener un hijo y no tenerlo todos los días contigo. No es nada fácil.

Justo se da el momento cuando lo iban a vender de Pumas al América, pero imagínense si Pumas vendía a Nico al América, pues no, eso no iba a funcionar. Acabó yéndose a Portugal, al Benfica, y luego, un año después, yo le pase a Santiago Baños el número de teléfono de Nico para que contactaran al chileno para ver si venía al América. Terminó siendo Águila.

Sabemos todos los problemas físicos por los que ha pasado: primero, dos meses después de su llegada a Coapa, sufrió una molestia en el muslo izquierdo que le hizo perderse tres partidos de liga y dos de copa. Regresó, y en el partido contra Tijuana, el 3 de agosto de 2019, tuvo un choque con el portero Gibran Lajud y se fracturó el peroné, quedando inactivo durante más de dos meses.

Tan sólo dos semanas después de su regreso a las canchas, sufrió un desgarre en el cuádriceps derecho, situación que le impidió estar en la fecha FIFA con la selección de Chile. Pero aún faltaba lo peor: el 18 de enero del 2020, Nico presentó una rotura del tendón del recto femoral del muslo derecho, por esta lesión tuvo que ser intervenido quirúrgicamente el 29 de enero. Un día después presentó una trombosis en la arteria femoral, que puso en riesgo su vida, pero logró salir adelante y fue dado de alta el 9 de febrero.

Recuerdo que en el World Golf Championship, Nico me mandó un mensaje para contarme que estaba viendo el torneo en la computadora desde el hospital, fue una de esas cosas que te parten el alma, verlo sufrir tanto.

Sólo pasaron unos días y regresó nuevamente a un hospital el 13 de febrero, estaba en su casa en el sur de la Ciudad de México y empezó a sangrar de la cicatriz de la cirugía; en ese momento lo trepa su hermano en una camioneta, se encarga de que no se vaya a desmayar, que no se vaya a morir y llega de milagro al hospital donde le vuelven a salvar la vida. Tuvieron que operarlo otra vez, tenía un sangrado en la pared femoral de la pierna derecha y hasta estuvo en terapia intensiva. Se quedó mucho tiempo ahí, más de 40 días y por fin salió del hospital el 25 de marzo. Los doctores decían al América: "Deja que no vuelva a jugar futbol, esperemos que no le vayan a tener que amputar la pierna, a ver si vuelve a tener calidad de vida".

Lo fui a visitar a su casa, tenía las piernas flaquitas, flaquitas, había perdido mucho peso. Estamos hablando de alguien que tiene su propio gimnasio, su propia cámara hiperbárica de oxígeno, un preparador físico personal; es decir, siempre le había dado mucha importancia a la condición física, era un profesional de tiempo completo.

Parte de lo que a Nico le ha costado trabajo entender es ver cuántos jugadores mexicanos desperdician su calidad porque se dedican a la fiesta, se van de desmadre, se van de borrachos y juegan a los dos días un partido de futbol, y eso a veces es difícil de comprender cuando manejas otro concepto de tu trabajo. Pero bueno, ese es tema para otro día.

Nicolás, con un contrato de alrededor de más de dos millones de dólares al año con el América, se empezó a rehabilitar y a checar opciones para ver si podía volver a jugar futbol profesional. Se habló de un doctor en Alemania que fue a Chile, se vio la posibilidad de un injerto que le podían poner de una pierna a la otra. Pero resulta que en el Emory Health Care, de los Atlanta Hawks, el médico William Jordan le dijo: "Mira, yo estoy dedicado a esto, yo te puedo poner una vena artificial y podrás regresar a jugar futbol". Así fue, le pusieron una vena artificial en diciembre del 2020 y después de unos meses le dieron el alta médica, increíblemente.

Estuvo en la pretemporada del América, con Santiago Solari. Jugó unos minutos porque tenía el alta médica, pero el

América no quería correr el riesgo, algo que se entiende, pues siempre queda la duda que le vaya a pasar algo a Nico. De ahí, lo quería el Mazatlán, pero América sintió que si se iba a Brasil tendría más minutos en cancha. Se fue en agosto del 2021 prestado al Club Juventude, de la ciudad de Caxias do Sul en el estado de Río Grande do Sul, un equipo con más de cien años de historia, pero pocos campeonatos y en riesgo de descender.

Jugó muy poco, menos de 40 minutos en su permanencia en el equipo, creo que los técnicos Marquinhos Santos (hasta octubre 2021) y Jair Ventura tampoco lo querían meter. Llega entonces un momento en que América le dice: "Oye, te vengo pagando muchísimo, te he pagado todo, vamos a llegar a un acuerdo", Castillo aceptó y con tal de mantenerse en la idea de seguir jugando llegó a buenos términos con la directiva americanista.

Quedó libre. El Necaxa creyó en él y le dio la oportunidad. Durante la pretemporada, con pocos minutos jugados por partido, el técnico Pablo Guede termina por darse cuenta de que tiene un delantero diferente, que con poco tiempo en cancha tiene oportunidad de meter goles. Así llega a un acuerdo de seis meses con los rojiblancos ganando menos del 10 por ciento de lo que ganaba con América.

La cosa cambió en Necaxa. Pablo Guede perdió la chamba, llegó Jimmy Lozano, hizo muchos cambios y terminaron por dar de baja a Nicolás Castillo. Cuando lean este libro no sé si Nico se haya ido a jugar a la MLS, si sigue jugando en Chile o si haya optado por el retiro. Lo que sí sé es que Nicolás

Castillo se partió el alma, hizo todo lo posible para regresar al futbol profesional y lo logró. Ahora lo más padre es que, a estas alturas, cuando estén leyendo estas páginas, fue papá nuevamente.

Mi Nico, los amigos son los amigos, nunca olvidaré la oportunidad de tener cuates como tú. Abrazo.

# 11

## Caso Renato Ibarra

Durante esta pandemia fue difícil, de alguna manera, acostumbrarnos a trabajar en casa, a pesar de todos los avances tecnológicos de los que ya les he platicado.

Aun así, había que adaptarse y hacer entrevistas durante todo el 2020. Hay una que recuerdo en particular: la de Renato Ibarra.

Fue 5 de marzo 2020 cuando hubo un tema muy duro con Renato Ibarra, fue acusado de violencia intrafamiliar. Su pareja, Lucely Chalá, quien contaba con 10 semanas de embarazo, aseguraba haber sido agredida por el futbolista ecuatoriano.

Hay que recordar que el entonces extremo americanista se encontraba inactivo recuperándose de la lesión que provocó su salida en la final del Clausura 2019, en el aductor largo derecho que, incluso, lo llevó al quirófano en enero 2020, por lo que para ese momento seguía en rehabilitación.

Creo que en su momento América se tardó en tratar de ponerle fin a la situación; para bien o para mal, los meses pasaron durante la pandemia y fue hasta junio que me llamaron de parte de la directiva del América para decirme que les gustaría que le hiciera una entrevista a Renato Ibarra sobre todo lo sucedido, que él estaba muy arrepentido, que también tenían información en el América de que le querían dar una segunda oportunidad, que no todo lo que había salido en los medios de comunicación era cierto.

Mi respuesta fue: "Agradezco que crean en mi trabajo y en mi credibilidad". Adelante, a hacer la entrevista con Renato Ibarra. Veámoslo así, se trata de un jugador del América. El América es de Televisa y te escogen para hacer una entrevista y sin ningún compromiso de nada, es decir, simplemente hacer la entrevista y ya.

Recibí la llamada de la oficina de Emilio Azcárraga, de la gente que trabaja directamente con él. Me puse en contacto con Santiago Baños para obtener el número de celular y mandarle un WhatsApp a Renato. Quería saber más o menos cómo estaba la situación, en ese momento se rumoraba que su pareja saldría a desmentir algunas cosas. La polémica era si lo iba a defender o no.

A final de cuentas, nunca salió a hablar, nunca salió a defenderlo y creo que eso fue parte del tema por el que no se quedó en el América y término por ser enviado al Atlas.

Hablé con Renato. Me acuerdo, justo una hora antes de hacer la entrevista, era un viernes como a las 10 de la mañana, a las 9 se fue la luz en mi casa y regresó apenas unos minutos antes del enlace. Había estructurado una secuencia de preguntas y me había preparado para armar la historia.

¿Qué había pasado? Me contó que de repente llegó la policía a su casa, donde estaba toda la familia. Ahí estaba su pareja también y, de la nada, había seis patrullas a la puerta de su casa. Cuando menos lo pensaba, ya lo habían arrestado, se lo habían llevado en la patrulla y ya lo tenían en el Ministerio Público. Daba la impresión de que todo esto lo habían arreglado, como que había intereses extra en todo ese tema.

Además, había un punto muy importante, y se lo comenté a Renato: "Tu pareja dice que en un baúl, que en un mueble la golpeaste". Él me contestó: "John, eso no fue cierto, una de esas revistas de chismes le pagó". Era un tema muy delicado. Le dije: "De eso difícilmente puedes hablar si no lo puedes comprobar, Renato".

No tenía nada, ninguna evidencia. Simplemente fue una conversación. En algún momento dado, esta revista sensacionalista de chismes pagó por ciertas declaraciones. Lo dejo ahí, porque esa fue la percepción que me dejó la información que recuperé.

Hicimos la entrevista. Siento que Renato pensaba que se iba a quedar en el América, nadie le había dicho que no lo habían decidido, creo que el América se esperó demasiado. Como seis meses estuvo tratando de ver si de último minuto arreglaban la situación. Si pedía una disculpa y se quedaba en el América... eso no iba a funcionar.

Pienso que entonces él estaba seguro de que se quedaba en el América; pero bueno, ofreció disculpas. Sé que de alguna manera no las sentía tanto, pero tenía su arrepentimiento, aunque mucho de lo que se dijo no necesariamente era cierto. Era un hecho, tenía que pedir una disculpa para que le dieran una oportunidad de quedarse en el equipo.

Hubo un punto muy interesante, imagínense que esa entrevista la hago a las 10 de la mañana e iba a salir completa en *Futbol Picante* en la noche; sin embargo, algunos fragmentos se transmitieron en *ESPN Radio Fórmula* y en *SportsCenter*. Dos personas de prensa del América se conectaron al Zoom durante la entrevista y entonces me avisan del América: "Oye John, te vamos a desmentir que Renato se queda". Yo les dije: "No me desmientan a mí, explíquenle a Renato que no se queda".

Así son las cosas, esta entrevista, a final de cuentas, tuvo sus polémicas. A veces, haces tu chamba y te dejan de hablar amigos o personas que pensabas que eran tus amigos.

¿Qué fue lo que pasó? En esa entrevista le pregunté a Renato: "¿Qué tanto te apoyó el América? Porque salió en un medio que te habían pagado, que te habían ayudado y que te habían tratado diferente". Me dijo que no: "Sólo en la pandemia sí recibí el apoyo".

Tiempo después me entero de que Guillermo Ochoa, el portero del América, vio la entrevista y dijo: "¡Ah!, a un golpeador no le difirieron sus pagos y a nosotros sí". Ahí se armó un desmadre. Recibí por ahí mensajes agresivos, que cómo hacía eso, que cómo si te dimos la entrevista, bla, bla, bla. Bueno, yo no hice nada, no tenía ni la más remota idea de que Memo Ochoa se iba a quejar de que a los demás jugadores les difirieron los pagos durante la pandemia.

Con el tiempo se arregló. Curiosamente, un buen amigo del futbol, Alejandro Irarragorri, de grupo Orlegi, fue el que me ayudó a hablar con la gente del América, con los jefes de los jefes, él les dijo: "John nunca hizo nada, no tenía ni idea de lo que pasaba con los pagos. Sobre todo, él hizo la entrevista a las 10 de la mañana y la transmitieron hasta las 9 de la noche. Ustedes tenían gente en la entrevista y la escucharon, entonces. ¡Hello!"

Con el tiempo, recibí una llamada y hablé con el América. Meses después expliqué mi situación, les dije que no tenía nada que ver, que hice la entrevista a las 10 de la mañana y pasó a las 10 de la noche. Tan fácil que me hubieran dicho: "No hablemos de los pagos", como semanas antes había pasado en una entrevista que hice con Bruno Valdés y me dijeron: "Si le preguntas de Renato, mejor lo quitamos".

A veces son cosas extra, la entrevista no era sobre si le difirieron los pagos, el tema era que Renato quería pedir una disculpa y se quería quedar en el América.

Con el tiempo quedó arreglado, pero hoy por hoy, gente que consideraba amigos, creo que ellos no me consideraban tan amigo a mí. A veces pasa, como ocurrió con Justino Compeán y con muchos directivos, así es esto, haces tu chamba y luego se enojan.

¿Qué pasa?, se hace la entrevista y se le van encima al América, hasta entre los compañeros de ESPN no faltó quien dijera que apoyo a Televisa y al América; por favor, si alguien tiene bien puesta la camiseta de ESPN, hasta la muerte, soy yo.

Renato no se quedó, lo pasaron al Atlas, lo prestaron a Orlegi y luego, en esta segunda fase, creo que la pandemia pegó tanto económicamente y necesitaban un extremo derecho que pedía Santiago Solari que dijeron: "A ver, ya estuvo suave, nos cuesta millón y medio de dólares al año, no lo vamos a regalar".

Entonces, perdonaron a Renato y regresó. Fui ese día al Azteca, metió su gol y se volvió a lesionar. Qué mala suerte, ¿no? Ojalá Renato aprenda de estas experiencias.

Son cosas que les quería comentar que como reportero de cancha te tocan. En la pandemia, la entrevista que me llegó, que la buscamos y la concretamos fue la de Renato Ibarra. Era un tema muy delicado. Hay que respetar ante todo a una mujer, no puedo pensar cómo un hombre puede golpear a una mujer, pero eso es algo que no pasa por mi mente.

Sí, defendí a Renato al decir que yo creo que "le pusieron un cuatro", que hubo muchos intereses económicos y, si te pones a excavar, la cuñada de Renato, la hermana de Lucely es la viuda de Chucho Benítez y si investigas un poco cómo fue lo de Chucho que se nos adelantó, hay muchas cosas ahí que nunca me dieron buena vibra.

Pero bueno, exactamente qué pasó, lo sabe Renato y ojalá pueda retomar su carrera y tener un Mundial con Ecuador.

# 12

# Cuidado con la MLS o... mis respetos a la MLS

Recuerdo que una vez, por ahí de 1980 o 1981, fui con mi familia a Los Ángeles a un evento familiar. Resulta que en el hotel había un equipo de futbol. Conocí a varios jugadores, estuve con ellos, pero hubo uno en especial que me firmó un autógrafo en una servilleta y me regaló una foto.

En la noche, luego de que no me encontraban mis papás, cuando me vieron, "mi jefe" Enrique Sutcliffe me puso "pinto" y me preguntó: "¿Dónde andabas?, ¿qué andas haciendo?" Le contesté: "Es que aquí en el hotel hay un equipo de futbol y estaba platicando con ellos". Al ver quiénes eran y quién me había firmado la servilleta, me dijo: "Vamos, yo también lo quiero saludar". Pues resulta que era Johan Cruyff, quien jugaba para los Diplomats de Washington.

Creo que siempre como méxico-estadounidense, mi mamá es texana, le tengo cierto cariño a los deportes del vecino del norte. En lo que se refiere al futbol, me recuerdo yendo a los partidos del San Diego Sockers en el San Diego Sports Arena cuando jugaba ahí Hugo Sánchez, o gritándole a Nilton Pinheiro "Batata", quien estuvo en el América y militaba entonces para el Chicago Sting. O a Javier Aguirre jugando en Aztecs de Los Ángeles. Son cientos de recuerdos de esos que no se olvidan.

Alguna vez, cubriendo a la Selección Mexicana, le conté a Hugo que había una foto en el *San Diego Tribune* del momento en que le escupió un chicle a un árbitro. Él lo negó rotundamente, pero por ahí tenemos la foto.

En fin, es un hecho que, después del Mundial de 1994, la liga estadounidense ha ido creciendo sólidamente. Habrá quien diga que se tardaron 25 años para llegar a donde están y es cierto, pero ya llegaron y es cuestión de tiempo para que se coman a la Liga Mexicana, no tengo la menor duda.

Obviamente para la Liga de Campeones de la Concacaf, el que los equipos americanos ganaran y tuvieran más contundencia, la beneficia para una mejor competencia. Es como en el golf, en la Ryder Cup siempre ganaba Estados Unidos y cuando comenzó a ganar Europa se inició una gran rivalidad. Ahora resulta difícil que sólo gané el equipo de las barras y las estrellas.

A ver, les platico, hace unos años, en el 2018, teníamos un *Monday Night* en Atlanta y jugaban el Atlanta United contra el Chicago Fire el domingo previo por la tarde. Me invitó al partido la gente de Sun, mi buen amigo Gabriel Gabor y me acompañó Tania, mi exnovia. Fuimos al estadio y pude ver cosas impresionantes que me llevaron a pensar que es cuestión de tiempo para que la MLS se coma, no sólo al futbol mexicano sino al del continente.

Algunos datos: este Atlanta United fue metiendo, en apenas dos años de existencia, un promedio de 50 mil aficionados por partido con boleto pagado y con eso se convirtió en la asistencia número 15 en el mundo. Ese día llegamos al estadio como tres horas y media antes y el presidente del equipo, Darren Eales, salió a la explanada para tomarse una cerveza con los aficionados, rompió una piñata con ellos y sigue todo un protocolo muy divertido. Luego me enteré que los jugadores son citados con mucho tiempo de anticipación, llegan al estadio, comen, se cambian, los suben al camión y dan un par de vueltas olímpicas alrededor del estadio como en Europa, donde va llegando el camión y los aficionados les aplauden, les gritan y los ovacionan.

En ese gran estadio, que pertenece al también dueño de los Falcons, Arthur Blank, se decidió bajar los precios para hacer los consumos más accesibles de la comida, la cerveza, los hot dogs, las hamburguesas, y ha sido un exitazo. Me comentaban ese día en el estadio que 90 por ciento de los asistentes no son hispanos, es decir, sólo 10 por ciento lo es, así que esos tiempos en que se decía que los hispanos íbamos a hacer la MLS, cuando fueron a jugar allá Carlos Hermosillo, Luis Hernández y Cuauhtémoc Blanco, ese tiempo se acabó.

La MLS ahora está comprando jugadores para venderlos, es una liga compradora-vendedora-exportadora. Ahí está el ejemplo de Miguel Almirón, el paraguayo que el Atlanta United compró al Lanús de Argentina por 11 millones de dólares para luego venderlo en 2019 por una fortuna al Newcastle United en Inglaterra. Ni más ni menos que en ¡26 millones de dólares!

No sé si han ido al estadio Mercedes Benz, por donde era el Georgia Dome, hay una rueda de la fortuna. Un día me encontré ahí a un aficionado mexicano que me saludó y me dijo: "John, ahora sí pude venir, porque abrieron la parte de arriba del estadio y somos cuatro. A 60 dólares allá arriba, sí los puedo pagar". ¡Imagínate!, los boletos de gayola en 60 dólares. Hablamos de una taquilla de 4 o 5 millones de dólares por partido.

Está claro que la MLS está haciendo bien las cosas, está trayendo figuras, pero no necesariamente latinas. Obviamente lo de Zlatan Ibrahimovic es el gran ejemplo; también en el 2019 fui parte de la transmisión en inglés de ESPN del partido inaugural entre el DC United y el Atlanta United en Washington y es muy parecido a como se trabaja en el *Monday Night Football.* Recuerdo que hay juntas de producción con los equipos, si están viajando las haces por teléfono, son las famosa juntas que les he platicado muchas veces en las que hablas con el entrenador, hablas con el jugador, les haces preguntas sobre cómo viene todo y, si tienes dudas, te va a ayudar mucho con la preparación.

En ese momento estaba Wayne Rooney jugando con Washington; el partido empezaba a las 7 de la noche, me dijeron: a las 4:35, Rooney va a llegar, 5 o 10 minutos después, deja su mochila, sale del vestidor y te va a dar dos preguntas y ¡pum! Exactamente, así fue.

Al medio tiempo vas a hablar con el técnico de uno de los dos equipos en cámara, el que salga al segundo tiempo, le vas a hacer dos preguntas. Luego, cuando acaba el partido haces una entrevista. Todo hecho puntualmente al estilo americano. Todas esas cositas se van juntando y van a derivar en que la MLS va a terminar siendo una liga muy poderosa. Y tal es que la idea que tiene el futbol mexicano es crear una liga norteamericana. Ojalá les dé.

A mí se me hace una idea muy interesante. Imagínense, ¡una liga norteamericana de 50 equipos! Y eso lo he platicado con quien fuera el presidente de la Liga MX, Enrique Bonilla y con el actual titular Mikel Arriola. De esos 50 se incluye a 30 de la MLS y veinte de la Liga MX. Imagínense cuando el Puebla vaya a jugar a Nueva York o Morelia a Chicago (ojo, pienso que Morelia regresará a la Primera División, pues es una plaza clave para el mercado en USA) o Dallas reciba al América, ¡una locura! Pero, ahí está el plan. Obviamente que México tendría que eliminar la multipropiedad, las apuestas, que creo es el patrocinador más importante del mundo del deporte a nivel mundial, más que la misma cerveza; pero dueños de casas de apuestas que también tengan equipos, la MLS no lo va a permitir. Tampoco puede haber casos como lo que pasó con Lobos BUAP o con Veracruz en su momento, pero si México se alinea y hace las cosas bien, se va a lograr esa liga norteamericana para el 2026.

Falta mucho para entonces, pero Gianni Infantino, el presidente de FIFA creo que le ha dado la "bendición papal" a todo esto y hay un punto clave para reflexionar: ¿Por qué te quiere la MLS? Si allá vale una franquicia 300 millones de dólares y en México hay algunas que apenas rebasan los 20 millones. Pues lo que no tienen es un contrato de televisión importante y ¿cómo lo van a conseguir? Logrando que una cadena pague por tener en exclusiva a América, a Chivas, a Cruz Azul, a Pumas porque eso no lo consigue ni el LAFC, ni el Galaxy, ni el Revolution, ni el equipo que me digan de la MLS.

La MLS llegó para quedarse y el que aún no lo entienda lo va a entender. Ya no podemos decir no, hay que asimilar que su nivel de futbol es diferente al nuestro. También en lo deportivo están llegando a ser superiores. Imagínense cuando se vendan todos los derechos de la liga norteamericana, todos los equipos de México y todos los de la MLS, por mil millones de dólares y la app que sacarían y el streaming y todo eso.

Entonces, bienvenida la MLS, tardó 25 años, pero el tiempo ya pasó y lo están haciendo muy bien; ojalá se logre la liga norteamericana para el mundial 2026, cuando la sede sea Canadá, México y Estados Unidos. Ya juega Toronto en la MLS, la Concacaf lo tendría que arreglar y darle más participación a los equipos centroamericanos en torneos de la Concacaf para que se cree esa liga prometedora.

Mis respetos MLS, la están haciendo en grande.

# CONCLUSIONES

Termina aquí mi segundo libro. Suma más historias al anecdotario y me deja la gran satisfacción de compartirlas con aquellos que, de una u otra manera, siguen mi trabajo y a la distancia, comparten mis triunfos y tropiezos.

*Reportero de cancha* fue totalmente una aventura. Fue el atrevimiento de compartir con muchas personas las grandes emociones que me llevaron a donde estoy. El camino que seguí hasta alcanzar el gran sueño de trabajar en algo que amo apasionadamente: la información deportiva.

Ser el enlace entre el público y el deporte es una tarea que me llena y que, a pesar de los años, me sigue llenado de emociones y motivos para seguir adelante, para cada día dar lo mejor de mí en esta profesión.

*Trotamundos del deporte* es ahora un enorme afán por motivar a los demás a perseguir sus sueños, a prepararse, a no dejarse vencer. Es la culminación de las grandes enseñanzas que he recibido en la vida y ahora las comparto con la intención de que a alguien más le sea útil lo que me ha pasado y he aprendido en este andar por las canchas del mundo.

Buenas y malas las experiencias, sin duda, han dejado huella en mí y me han llevado a ser a todas luces lo que soy y como soy. Me considero un hombre afortunado y agradecido, y parte de ese agradecimiento va en estas páginas al compartir con ustedes toda esa buena suerte que me ha sido concedida.

Amigos y no tan amigos me han acompañado en este camino y doy cuenta de ello en las historias que comparto en mis libros. Siempre les agradeceré su participación en mi vida, pues muy gratamente o con poca fortuna, algo he aprendido de ellos o de lo que viví gracias a ellos.

No sé lo que me depare el destino, pero algo sí es seguro: si la vida me da la oportunidad y el material, seguramente en algunos años nos estaremos leyendo de nueva cuenta para seguir compartiendo con ustedes la humilde historia de este *Trotamundos del deporte*.

*Trotamundos del deporte de* John Sutcliffe
se terminó de imprimir en julio de 2022
en los talleres de
Litográfica Ingramex, S.A. de C.V.,
Centeno 162-1, Col. Granjas Esmeralda, C.P. 09810,
Ciudad de México.